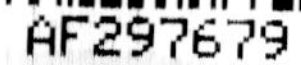

L'INTÉRÊT

DE L'ARGENT

PAR M. LAVIELLE,

Ancien Député des Basses-Pyrénées, Conseiller honoraire
à la Cour de cassation.

PRIX : 2 FRANCS.

PARIS,

IMPRIMERIE ET LIBRAIRIE GÉNÉRALE DE JURISPRUDENCE.

GOSSE, MARCHAL et Cie, LIBRAIRES-ÉDITEURS,

LIBRAIRES DE LA COUR DE CASSATION, Place Dauphine, 27.

GUILLAUMIN,

Rue Richelieu, 14.

PAU,

E. VIGNANCOUR et LAFON, libraires.

1865.

L'INTÉRÊT

DE L'ARGENT

PAR M. LAVIELLE,

Ancien Député des Basses-Pyrénées, Conseiller honoraire
à la Cour de cassation.

PAU,

IMPRIMERIE ET LITHOGRAPHIE É. VIGNANCOUR.

1865.

(C.)

L'INTÉRÊT DE L'ARGENT.

« C'est surtout quand le prêt est fait
à l'agriculture ou aux particuliers vivant
de leurs revenus, que les rigueurs de
l'usure sont mortelles » (M. le premier
Président *Troplong*, traité du Prêt,
p. X de la Préface).

Ce grand problême de l'intérêt de l'argent est
aussi vieux que l'argent lui-même. Il nâquit avec la
première pièce monnayée. Il a préoccupé tous les
peuples et toutes les générations, les philosophes, les
casuistes, les jurisconsultes, les législateurs, et il
n'est pas encore résolu ! C'est qu'il a eu, à toutes les
époques, celle-ci non exceptée, le triste privilège
de diviser et de passionner les meilleurs esprits.
Dans l'ardeur de la lutte ils se sont laissés entraîner
d'un extrême à l'autre : tantôt, défense absolue de

stipuler le moindre intérêt ; tantôt, liberté illimitée de cette stipulation ; enfin, et comme terme moyen, autorisation de recevoir un intérêt, mais fixation d'une limite qui ne pouvait être franchie.

C'est l'état actuel des choses.

C'est la loi du 3 septembre 1807.

Elle fixe cette limite, à 5 p. 0/0 en matière civile et à 6 p. 0/0 en matière commerciale.

Il semblait que c'était là une suffisante rémunération du travail, représenté par le capital prêté, un équitable tempérament, une heureuse conciliation entre la prohibition absolue et la liberté illimitée.

Cette loi fut d'autant mieux accueillie qu'elle rentrait dans nos mœurs et dans nos traditions ; elle ne faisait que sanctionner une pratique presque générale.

Le discernement éclairé des tribunaux dans l'application de cette loi en fit mieux ressortir la sagesse.

Elle a traversé, sans altération, l'épreuve des révolutions nombreuses qui, depuis sa date, ont agité notre pays ; elle ne fut pour rien dans ces cataclismes ; elle en sortit au contraire plus forte et plus respectée ; elle n'entrava à aucune époque, le mouvement commercial, industriel et agricole qui se développe encore sous son empire.

On pouvait espérer qu'elle avait triomphé des doctrines par les faits et rallié par une longue et heureuse exécution les opinions les plus diverses.

On se trompait : Une attaque plus redoutable et mieux combinée la menace aujourd'hui ; elle est vraiment en grand péril.

Une école puissante et qui compte dans son sein des hommes considérables par leur position officielle, leur talent et la loyauté de leurs convictions poursuit avec éclat l'abrogation de cette loi de 1807 *tant en matière civile* qu'en matière commerciale. Elle réclame la liberté illimitée de l'argent avec le zèle et la chaleur qui animent une autre école pour la conquête des libertés absolues d'un ordre supérieur. Profondément divisées sur d'autres points, ces deux écoles s'entendent sur celui-ci ; elles marchent ensemble ; c'est une *coalition* purement économique et tout à fait accidentelle.

Mais à part toute idée préconçue et toute exagération, ne serait-ce pas une chose grave que de faire subir à notre législation et à nos mœurs un changement subit et aussi radical ? Il ne s'agit de rien moins, en effet, que de déclarer licite et permis un fait considéré autrefois comme un crime et puni depuis près de cinquante ans comme un odieux délit ; puni non-seulement par la loi et la justice, mais plus sévèrement encore par la conscience publique, qui, de nos jours, il faut le répéter bien haut, puisqu'on semble l'oublier, n'est pas plus indulgente qu'autrefois, malgré les progrès de la science, pour ce trafic honteux qu'on appelle l'*usure*. Il ne s'agit de rien moins, disons-nous, que de la réhabiliter, de l'encourager, de l'honorer peut-être en offrant au passé une amnistie qu'il ne réclame pas. Tel serait néanmoins l'effet inévitable de la loi qu'on provoque ; l'usure, le mot et la chose seraient rayés de nos codes, de nos dictionnaires, de notre langage habituel ; mais le seraient-ils aussi facilement de notre esprit et de nos consciences ?

Nos honorables adversaires ne le voudraient pas eux-mêmes, quand ils le pourraient, car ils ne cessent d'affirmer qu'ils détestent l'usure et la flétrissent aussi énergiquement que nous tous: autant que nous, ils aspirent, disent-ils, à détruire ce fléau maudit qu'ils appellent eux-mêmes *la piraterie de l'argent*: ils veulent l'extirper de notre société française et restituer au contrat de prêt ce *caractère de justice et de moralité* qu'il n'aurait jamais dû perdre.

On ne saurait s'associer trop intimement à cette noble et utile pensée, c'est celle de tous les gens de cœur à quelque école qu'ils appartiennent.

Mais pour réaliser cet immense bienfait quelle est donc la voie la plus sûre ?

Nous avions la simplicité de croire que les hommes qui ne trouvaient pas un frein suffisant au fond de leur âme, éclairée par les enseignements de la morale religieuse, avaient besoin d'une sanction qui les touchât davantage et que ce délit, comme tous les autres, devait trouver sa répression dans la loi même, que c'était le moyen le plus efficace, si non de le prévenir entièrement, du moins de le ren- dre plus rare. Nous pensions, en un mot, que pour nous préserver de l'usure, autant que possible, il fallait continuer de l'interdire et de la punir.

« Mauvais moyen! s'écrient nos adversaires ; nous avons changé tout cela. Voici ce que nous substi- tuons à ces préjugés qui ont fait leur temps ; écoutez bien, la matière est un peu abstraite, mais nous l'avons très-simplifiée. La limite de l'intérêt est contraire à la liberté des transactions et au droit sacré de propriété ; c'est précisément cette limite qui a créé le monopole des usuriers ; ces *vampires* (sic) sont seuls capables de braver pour de l'argent l'amende et la prison, et ils se font payer par leurs victimes la prime, la rançon de ces pénalités qui les attendent et qu'ils escomptent d'avance : les honnêtes gens ne veulent pas s'y exposer ; ils fer- ment leur bourse : il n'y a pas de concurrence, la place est aux usuriers ; l'argent devient ainsi plus rare et plus cher ; c'est une marchandise comme une autre et il ne faut pas la gêner plus qu'une autre ; elle ne doit être soumise qu'à la loi de *l'offre* et de la *demande.* Cette loi, mieux que vos lois limitatives, rendra au marché, son mouvement, son élasticité, son niveau naturel. Ne cherchez pas à entraver tout cela ; laissez aux prêts d'argent leur entière indé- pendance : qu'ils exigent 20, 50, ou 100 p. 0/0; qu'importe, puisque les parties en sont librement convenues : *Volenti non fit injuria* ; le législateur n'a que faire ici ; qu'il se tienne en arrière, il gâte ce qu'il veut régler : proclamer la liberté illimitée de l'argent c'est tuer l'usure ; quand tout le monde pourra la faire personne ne la fera ; en un mot, le seul moyen de la prévenir de la part de quelques-uns, c'est de la permettre à tous. »

Ce remède a fait peur. Il a paru trop héroïque. Peut-être n'a-t-il pas été bien compris, surtout dans nos campagnes, ignorantes quelles sont des secrets de la nouvelle doctrine et même des termes qu'elle emploie.

Quelques anciens ont cru même se souvenir quelle n'était pas aussi nouvelle qu'on le dit, qu'elle avait été essayée à d'autres époques et qu'elle avait produit de tels effets qu'on semblait devoir être guéri de l'envie de recommencer l'épreuve.

Le Gouvernement ne pouvait rester indifférent au bruit de cette question : il en a compris bien vite la portée politique, morale et financière, et comme il ne veut la résoudre qu'en pleine connaissance de cause, il a ouvert une enquête publique où chacun peut déposer son témoignage et son opinion.

Nous venons user de cette faculté ou pour mieux dire remplir un devoir envers ces populations agricoles dont nous venons de parler et qui veulent bien nous conserver, dans notre retraite, un peu de cette affectueuse confiance dont elles nous ont si longtemps honorés : c'est pour elles, près d'elles et presque sous leur dictée que nous écrivons.

Mais avant d'aborder de plus près le système économique qui leur cause tant de frayeur qu'on nous permette un rapide coup-d'œil sur ses antécédants ; il est des questions qu'on résout en les racontant ; celle-ci est peut-être du nombre.

I.

Nous ne remonterons pas aux saintes écritures ; on les récuserait peut-être dans cette discussion ; elle n'admet pas, en effet, le précepte divin qui conscille de prêter sans exiger, sans espérer autre chose que la reconnaissance de l'emprunteur : *date mutuum nihil sperantes.*

L'éloquent commentaire de *Bossuet*, l'adhésion imposante de *Domat*, de *Pothier* et de tant d'autres célèbres jurisconsultes, passeraient inaperçus ; il faut donc être sobres de citations, si intéressantes qu'elles fussent sous le rapport moral, historique et littéraire. Empressons-nous de reconnaître nous-même que les conseils évangéliques, inspirés par la morale la plus pure et la charité la plus ardente ne sauraient enchaîner toutes les consciences pour le règlement des affaires matérielles de ce monde. L'Eglise l'a compris elle-même ; elle a fait fléchir les sévérités d'un autre âge en présence des nécessités sociales de notre époque. L'Encyclique

de Benoît XIV de 1745 a été récemment interprê-
tée, ou pour mieux dire modifiée par le Saint Siége,
en ce sens qu'on ne devait pas inquiéter la conscience de ceux qui prêtent *au taux de la loi civile*,
pourvu qu'ils se soumissent à obéir aux nouveaux
commandements qui pourraient leur être adressés
plus tard..... *Non esse inquietandos, quousque
sancta sedes definitivam decisionem emiserit cui pa-
rati sint se subjicere.* (1).

Hâtons-nous donc de quitter les hauteurs de
l'Evangile pour redescendre au niveau de la question sociale.

II.

A Rome, dans les premiers temps de la République, on n'avait posé aucune limite aux taux de
l'intérêt : cette liberté ne produisit pas alors les
bienfaits qu'on nous promet aujourd'hui ; car les
ravages de l'usure furent tels qu'ils compromirent
non-seulement les fortunes privées, mais qu'ils
ébranlèrent la République elle-même. *Usura vetus
reipublicæ malum seditionorum discordiarumque
causa frequens.* (*Tacite*, ann. VI).

Tous les autres historiens, tous les auteurs depuis *Aristote* jusqu'à *Cicéron* retracent les mêmes

---

(1) C'est la réponse uniforme du Saint-Siège aux ecclésiastiques
qui avaient cru devoir le consulter sur cette question notamment
en 1822 et en 1830. Aucun changement n'est intervenu depuis.

spoliations, les mêmes violences, les mêmes troubles avec des accens d'indignation et de colère qui leur firent comparer les usuriers aux voleurs, aux meurtriers, au serpent, au cancer, etc.

Caton était un des plus sévères; c'est lui qui répondit à cette question, *qu'est-ce que l'usure?* par cette autre question, *qu'est-ce de tuer un homme, quid fœnerari? quid hominem occidere?* C'est peut-être à cause de cette répulsion trop vivement exprimée qu'un de ses contemporains trouva piquant d'accuser Caton lui-même de faire l'usure et de l'avoir même conseillée à son fils; accusation singulière qu'il ne faut pas admettre légèrement, car elle paraît démentie par la vie, par la mort et par les écrits de l'illustre Censeur de Rome, dont le nom servait et sert encore à personnifier la sagesse (1).

(1) *Plutarque* lui-même accuse *Caton* d'avoir fait *l'usure des vaisseaux*, c'est-à-dire d'avoir prêté à la grosse aventure. C'est l'usure la *plus condamnable* ajoute le célèbre historien. Tout respect gardé à sa mémoire, nous nous permettrons de faire remarquer que c'est au contraire *la moins condamnable*; qu'il ne pouvait même y avoir d'usure dans ce prêt aléatoire, *nauticum fœnus*, exposé qu'il était sans cesse aux caprices de la mer; il était formellement autorisé par les lois les plus sévères contre les autres prêts. On peut s'en rapporter à *Pothier* plus sévère, s'il est possible, que ces lois elles-mêmes. « Ce contrat, dit-il, est permis non seulement dans le for extérieur *mais dans le for de la conscience* » (Traité du prêt à la Grosse Aventure, p. 77). Un titre spécial de notre Code de Commerce règlemente, dans le même sens, ce genre de prêt, si favorable aujourd'hui, comme autrefois, aux expéditions maritimes. (V. art. 311 et suivants du Code de Commerce.)

Quoiqu'il en soit, au reste, de la théorie ou de la pratique de *Caton*, il n'en est pas moins certain que l'usure excitait la réprobation universelle alors même qu'elle était autorisée par les lois.

Les empereurs romains comprirent bien vite la nécessité de mettre un terme à cet état de choses, et le taux de l'intérêt reçut une limite. Elle varia dans le cours d'un siècle de 4 à 12 p. 0/0 par an ; mais si élevé que fût l'intérêt il n'était point permis de prêter à l'agriculture au-delà de 4 1/2 p. 0/0. (*Novelles* 32, 33 et 34.)

Mais enfin il y eut une règle.

Il en fut de même chez les autres peuples de l'antiquité ; la même liberté produisit les mêmes effets et c'est quand le mal était à son comble qu'on songeait à y rémédier en rétablissant une limite.

Si l'on veut être parfaitement édifié sur l'histoire de l'intérêt de l'argent dans les temps anciens, on n'a qu'à lire la préface du traité *du Prêt* de M. le premier président *Troplong*. Ce tableau plein d'intérêt est tracé de main de maître ; il fixe les incertitudes de l'histoire en relevant les nombreuses erreurs des historiens ; c'est assurément un de ses plus beaux livres, celui où la philosophie, l'histoire et la littérature du droit se sont manifestées avec le plus de puissance et d'éclat.

On pourrait aisément soupçonner notre appréciation d'entraînement et de partialité, mais elle se retrouve partout, même dans les ouvrages les plus ouvertement opposés à l'illustre premier président sur la question même qui nous occupe.

Le plus récent de ces ouvrages publié en 1864, est un mémoire couronné l'année précédente par l'académie de législation de Toulouse ; il était digne de cet honneur, et si les voix des membres correspondants de cette docte assemblée avaient été recueillies nous en savons une qui ne lui aurait pas fait défaut, malgré sa dissidence sur la conclusion.

Dans ce mémoire, sur lequel nous aurons à revenir, l'auteur s'exprime en ces termes :

» Je renvoie le lecteur désireux d'avoir des détails sur cette intéressante période de l'histoire romaine à *l'admirable* introduction qui précède le traité du prêt de M. *Troplong ;* on peut ne pas partager les opinions de l'auteur sur tous les points, mais il ne faut pas moins reconnaître *que ce morceau est un chef-d'œuvre d'érudition et de style.* » (1).

Ce n'est point seulement l'introduction qui est un chef-d'œuvre mais l'ouvrage entier. Il devrait servir de point de départ et de guide à tous ceux qui veulent étudier *sérieusement* ces questions et les dégager des exagérations et des sophismes, en sens inverse, dont on les a trop souvent compliquées et obscurcies.

III.

Le droit français offre sur le prêt à intérêt les

<hr>

(1) Mémoire couronné de M. *Lair*, avocat, p. 106, à la note.

mêmes variations que le droit Romain ; on peut encore les suivre dans cet ouvrage classique ; c'est toujours la même alternative : l'ancien droit canonique prohibant tout espèce d'intérêt, ses adversaires proclamant, au contraire, la liberté illimitée, et enfin, la sagesse prévalant sur les deux erreurs et fixant une limite et d'autres conditions accessoires, telles que l'aliénation du capital avec rente constituée, retenue, etc.

La fixation du taux commercial était renvoyée aux foires de *Champagne* et de *Lyon* et variait ainsi chaque année.

Les édits de nos rois sur cette matière sont presqu'aussi nombreux que ceux de Rome au temps de la République et des empereurs ; on peut en suivre la série, depuis 1501 jusqu'en 1779.

Parmi ces édits, M. le premier président *Troplong* signale celui d'Henri IV du mois de juillet 1601.

» Le royaume sortait des horreurs de la guerre civile, dit le savant magistrat (p. 146). Henri IV qui avait rendu à la France la paix et le repos s'occupait à augmenter sa richesse, *à ranimer l'agriculture*, à faire fleurir *le commerce* ; la diminution du prix des rentes lui apparut comme un moyen de diriger *vers la propriété foncière et industrielle* les capitaux qui s'en éloignaient ; cette idée s'est souvent reproduite depuis ; à l'heure qu'il est, elle a encore sa place dans plus d'une théorie économi-

que ; il est utile de la reproduire sous sa première
forme. »

Et l'auteur donne le texte de l'édit, on nous par-
donnera bien de le reproduire aussi.

» Nous avons reconnu au doigt et à l'œil que les
rentes constituées à prix d'argent au denier 10 ou
12 qui ont eu cours, principalement depuis quarante ans en çà, et intérêts provenant tant des
changes et rechanges que des condamnations qui
s'ordonnent par nos juges à faute de paiement des
dettes, ont été en partie cause, tant de la ruine de
plusieurs bonnes et anciennes familles, soit pour
avoir été *accablées d'intérêts* et souffert la vente de
tous leurs biens à personnes qui se sont trouvées
insolvables ; qui empêche ce trafic et commerce de
la marchandise, qui auparavant *avait plus de vogue
dans notre royaume qu'en aucun autre de l'Europe,
et fait négliger l'agriculture et manufacture ;* ai-
mant mieux plusieurs de nos subyects sous la *facilité
d'un gain à la fin trompeur,* vivre de leurs rentes
en *oïsivetés parmi les villes,* qu'employer leur
industrie avec quelque peine aux *arts libéraux,* ou
à *cultiver et approprier leurs héritages ;* ce qui
pourrait à la longue aussi bien occasionner *quelques
remuements en cet état monarchique, que les usures
et grandes dettes ont fait par le passé en plusieurs
républiques.* Pour à quoy rémédier à l'avenir, et
par le retranchement du profit excessif desdites
rentes et intérêts réprouvés des changes et rechan-

gès, qui rendent *ingrâte la fertilité des terres ;*
convier nos subyects à s'enrichir de gains *plus con-*
venables, ou se contenter de profits *modérés ;*
même faciliter les moyens à nostre dicte noblesse
de restablir en leurs maisons les dégâts, ruines et
désordres qui leur ont été causés par les troubles,
etc., etc. »

Voilà, ce nous semble, de l'économie politique
d'assez bon aloi : Nous verrons tout à l'heure Napoléon Ier professer à cet endroit la même doctrine
qu'Henri IV.

L'édit de Louis XIII de 1634 abaissa le taux de
la rente au denier 18, et Louis XIV la fixa en 1665
au denier 20, c'est-à-dire à 5 p. 0 0, chiffre qui
même alors, n'était pas nouveau et qui dura longtemps encore. Il eut duré d'avantage si le fameux
étranger *Law* n'était venu troubler toutes les idées
financières et économiques de notre pays.

On sait les désastres et les ruines que le *système*
de l'aventureux écossais laissa après lui.

On revint en 1725 au taux de 5 p. 0 0 ; il se
maintint jusqu'à la veille de notre première Révo-
lution.

Avant d'arriver à cette nouvelle banqueroute, un
mot sur la jurisprudence des Parlements.

Cette jurisprudence ne fut pas toujours uniforme,
mais elle fut toujours sévère, sévère jusqu'à l'injus-
tice.

Les prêteurs à gros intérêts étaient traités comme

de vils criminels ; on prononçait contre eux les peines les plus infâmantes ; les galères, le bannissement, le refus de sépulture, l'exposition la corde au cou avec un écriteau portant ces mots : *Usurier public* (1).

Ce n'était pas le bon temps des usuriers : il paraît qu'on veut consoler leurs manes et préparer des jours plus doux à leurs descendants.

IV.

Daguesseau ne les aimait pas, il n'aimait pas davantage les empiétements de l'autorité ecclésiastique sur l'autorité judiciaire et réciproquement. On lui dit un jour que l'évêque *d'Oloron* avait publié un mandement qui pouvait inquiéter les consciences et contrarier les lois et les usages du Béarn sur le prêt à intérêt, autorisé dans cette province mais avec de justes limites.

Il écrivit au premier président du Parlement de Pau une lettre confidentielle qui ne dément point l'esprit de sagesse, de convenance et de mesure qui distinguait l'illustre chancelier. On aime à la relire : elle est du 4 décembre 1738.

» J'ai été informé disait-il, que le zèle de M. l'Évêque d'Oloron l'ayant porté à s'élever contre les prêts *usuraires, qui sont fort communs dans son*

(1) Répertoire de Merlin, vº *Usure.*

Diocèse, et à publier un mandement ou une instruction pastorale sur cette matière ; plusieurs des curés, auxquels ce mandement a été adressé, avaient trouvé beaucoup de difficulté à s'y conformer et qu'il y avait eu même quelques mouvements au sujet de ce mandement dans le Parlement ; plusieurs des magistrats de cette compagnie ayant cru y trouver des choses contraires aux usages et aux privilèges de la province de Béarn.

Comme une affaire *si délicate* pourrait avoir des suites fâcheuses, si l'on ne prenait les mesures nécessaires pour les prévenir avant qu'elle ait fait un plus grand éclat, je vous prie de m'expliquer, avec votre exactitude ordinaire, quel est l'usage qui a été observé jusqu'à présent dans votre ressort à l'égard des stipulations d'intérêts dans le simple prêt, quelle est la jurisprudence du Parlement de Pau sur cette matière ; ce que l'on a pensé dans cette compagnie sur le mandement de M. l'évêque d'Oloron et s'il est vrai qu'on ait voulu exciter M. le Procureur-Général à en interjetter appel *comme d'abus*? Il n'est pas nécessaire, et il ne convient pas même que vous *fassiez encore part à personne de ce que je vous écris*, à moins que vous eussiez absolument besoin, pour empêcher quelque délibération *prématurée* que l'on voudrait faire sur ce sujet. Je suis, etc. »

Le premier président du Parlement de Pau, s'empressa de rassurer le chancelier et de lui dire

dans sa réponse du 6 janvier 1739 « Qu'il n'avait
pas entendu parler du mandement de M. l'évêque
d'Oloron dans sa compagnie et qu'il doutait qu'on
eût excité le procureur-général à en interjeter
appel *comme d'abus*. Quoiqu'il en soit, ajoutait-il,
s'il arrivait quelque chose de nouveau sur ce sujet,
j'aurai l'honneur de vous en rendre compte. »

Il n'arriva rien de nouveau.

Cette lettre qui est rapportée par Daguesseau lui-
même à la suite de la sienne (tome 9, p. 624),
donne d'ailleurs des détails assez étendus sur la législation et la jurisprudence béarnaise en cette
matière.

Le prêt au dernier 20, c'est-à-dire à 5 p. °/₀
ne fut d'abord autorisé que dans les contrats publics, mais sur la réclamation du Parlement lui-
même, une déclaration du 29 juin 1738 étendit
la faculté de stipuler l'intérêt de 5 p. °/₀ aux simples promesses et billets et aux prêts qui étaient
faits pour le commerce et pour l'emploi des dots
et des légitimes.

Il faisait remarquer d'ailleurs que cette matière
était considérée comme *dépendante de la police de
l'Etat*, c'est-à-dire d'ordre public.

V.

Cette dernière proposition fut contestée quelques
années plus tard par deux éminents publicistes,
ancêtres vénérés des économistes de nos jours.

Turgot en France , *Bentham* en Angleterre , publièrent de remarquables écrits, le premier en 1769, le second en 1787 , pour réclamer la liberté absolue de l'intérêt, selon les conventions des parties et en dehors de l'intervention de l'Etat.

L'économiste anglais intitula hardiment son ouvrage *Défense de l'usure*. — *Turgot*, dans son mémoire au Roi traita la question avec plus de réserve et de ménagement, mais il est à remarquer que l'un et l'autre avaient principalement en vue *l'intérêt des places de commerce*.

Il est regrettable qu'ils n'aient pas donné plus de place dans leurs écrits, aux prêts faits à l'agriculture, que le droit romain avait lui-même distingués des autres prêts. On eût voulu surtout que *Turgot* fit lui-même cette distinction, car on n'a pas oublié le mot échappé à Louis XVI dans un moment de tristesse et de découragement : « *Il n'y a que Turgot et moi qui aimions le peuple.* » Et assurément le ministre honnête homme, comme le Roi, ne désirait pas plus que lui voir le peuple qu'ils aimaient l'un et l'autre courbé sous une charge nouvelle, la plus odieuse de toutes, celle de l'usure.

Nous allons retrouver, au reste, les arguments de ces deux célèbres économistes dans les nombreuses publications de leurs héritiers qui, à leur exemple, n'ont pas suffisamment distingué, selon nous, l'intérêt civil et l'intérêt commercial ; et

cette confusion a été l'une des causes principales
des erreurs et des méprises que nous aurons
bientôt à signaler.

VI.

Malgré l'autorité qui s'attachait aux noms de
Bentham et de *Turgot*, leur théorie ne fut adoptée
ni en France ni en Angleterre. Les deux nations
continuèrent à vivre sous les lois et les usages qui
autorisaient l'intérêt mais qui en réglaient le taux.

En France, on alla plus loin : on crut devoir
sanctionner, en la rajeunissant, l'ancienne législation qui avait éprouvé des fortunes si diverses sous
la jurisprudence des Parlements.

Ce fut l'objet de la loi du 3 octobre 1789. On
s'est mépris sur le sens et la portée de cette loi.

Selon quelques économistes, elle aurait inauguré
la liberté illimitée en matière de prêts.

Le texte de la loi va répondre lui-même :
« L'Assemblée Nationale décrète (sur la motion
de *Pétion* et de *Villeneuve*) que tous les particuliers, corps, communauté et gens de main-morte
pourront à l'avenir prêter de l'argent à terme fixe
avec stipulation d'intérêt et *suivant le taux déterminé par la loi* sans entendre rien innover aux
usages de commerce. »

C'est à peu près la loi de 1807, sauf cette réserve un peu vague des usages commerciaux qui variaient de province à province.

VII.

Mais quand il serait vrai, disent nos adversaires, que cette loi de 1789 eut encore retenu l'argent dans les liens de l'ancienne monarchie, ils furent du moins brisés, comme la monarchie elle-même, par la loi du 11 avril 1793 qui déclara l'*argent marchandise*.

Cette erreur est plus inexplicable que la précédente.

La loi du 11 avril 1793, dites-vous, a déclaré l'*argent marchandise?* et quel argent? il n'y en avait pas; il ne pouvait pas y en avoir, il avait été remplacé par les *assignats;* quelle marchandise, bon Dieu !

C'eut été une grande naïveté ou une piquante ironie de s'occuper du prêt de l'*argent*, alors que cette même loi du 11 avril 1793 prononçait *la peine de 6 années de fer* contre quiconque ferait commerce de l'argent ou s'en servirait dans les transactions, qui ne pouvaient être contractées autrement qu'en assignats.

Voilà comment cette loi déclara l'*argent marchandise !* C'est tout juste le contraire ; défense absolue de s'en servir sous les peines les plus sévè-

res, même pour acheter des marchandises ou tout
autre objet mobilier ou immobilier.

Nos adversaires se seraient-ils au moins trompés de date et voudraient-ils parler de la loi du 6
floréal an 2 qui rapporta en effet l'art. 1er de celle
du 11 avril 1793 et disait à peu près ce qu'on voulait faire dire à celle-ci?

Mais en tournant la page de nos recueils, ils
auraient trouvé le décret du 2 *prairial* de la même
année, ainsi conçu : « La Convention rapporte son
dernier décret qui a déclaré marchandise l'or et
l'argent monnayé; ordonne l'exécution des lois antérieures *qui prohibent le commerce des monnaies
métalliques.* »

Ainsi le point de départ des nombreux écrits
économistes, leur épigraphe, leur devise favorite,
l'argent est une marchandise, leur manque entièrement.

Qu'ils ne le regrettent pas :

D'abord, la date et l'origine de leur axiome ne
le recommandaient guère à notre confiance et à
nos respects.

Et puis, si la Convention a dit un jour que l'argent était une marchandise, elle a dit le contraire
le lendemain.

Enfin, quand elle l'aurait répété tous les jours,
elle aurait commis un énorme contresens.

L'argent n'est pas une marchandise; c'est le
signe des valeurs qui servent à acheter toutes les

marchandises, toutes les choses qui sont dans le commerce; il circule chez toutes les nations sous la foi publique et l'effigie du souverain. Sa falsification est autrement punie que celle de la marchandise; sa fabrication monnoyée, son type, son titre, son poids, sa valeur sont déterminés par la loi comme choses invariables et d'ordre public.

Et quand on pourrait dire, par un abus de langage, si fréquent dans les lois révolutionnaires, que l'argent est une *marchandise*, il n'en faudrait pas moins reconnaître que ce serait au moins une marchandise d'une espèce nouvelle, *sui generis*, et qui ne saurait être confondue avec les denrées et marchandises ordinaires dont la valeur loin d'être fixe est sujette à de continuelles variations qui, par leur nature, échappent au contrôle de la loi.

Ainsi la question n'aurait pas fait un pas, et on veut cependant la trancher par cette formule puérile qu'on jette au vulgaire comme pour se dispenser d'examiner avec lui une autre maxime qu'il comprend mieux et qu'on devrait surtout s'efforcer de lui faire mieux comprendre, à savoir, que le meilleur fondement des lois, c'est le bon sens, la morale et la justice; cette maxime de tous les temps vaut bien celle de 1793.

Mais continuons notre analyse rétrospective.

VIII.

On crut, en effet, sous la République, ou du

moins on feignit de croire (l'illusion était bien naturelle) que la liberté de l'argent était la digne et
inséparable compagne des autres libertés qu'on
s'était largement données.

On la traita de même; c'est-à-dire qu'on en fit
l'abus le plus déplorable : l'usure atteignit des chiffres inconnus en France; les prêts à 50 et à 100
p. % n'étaient pas rares; il est vrai de dire que
l'instrument de l'usure expliquait ces excès. Nous
venons de rappeler que les assignats étaient la seule
monnaie de cours sous les peines les plus rigoureuses, et comme la valeur de cette monnaie fictive
allait toujours en décroissant, le capital était aussi
compromis que les intérêts; on pouvait cette fois
faire de l'usure presque sans remords, car les prêteurs furent en définitive plus *usurés* que les emprunteurs ; la matière du contrat périt pour tous.
Nous n'avons pas besoin de rappeler les ruines de
cette époque ; mais il serait injuste, nous le répé-
tons, de les attribuer exclusivement à l'usure ; son
action se perdit dans le désastre général.

IX.

Des jours meilleurs se levèrent pour la France;
nous approchons du code civil. La question de l'intérêt de l'argent ne pouvait passer inaperçue ; on
la discuta, en effet, mais ce fut pour l'ajourner ;
on n'ajourna pas de même le grand principe d'or-

dre public qui réserve à la loi la fixation du taux
de l'intérêt. L'art. 1907 du code civil posa ce principe et en réserva l'application.

X.

Elle eut lieu trois années plus tard.

Nous voici en 1807, bien loin de la République
et de la Convention, et en présence du premier
Empire et de son Conseil d'Etat si fortement
organisé.

C'est à l'initiative *personnelle* de Napoléon 1er
que nous devons la loi de 1807; nous nous hâtons
de le dire, bien que pour certains esprits ce soit
là un argument de plus contre la loi elle-même.

La conviction de l'Empereur devait être bien
profonde puisqu'elle résista à l'influence naturelle
qu'avait prise sur lui, en ces matières, son ministre des finances, M. *Molien*, que nos adversaires
revendiquent avec un juste orgueil comme un de
leurs plus éminents corréligionnaires; aussi rappellent-ils avec complaisance le passage suivant de
ses mémoires que nous voulons citer aussi :

« Quoique Napoléon m'eût entendu sans m'avoir
contredit me récrier dans nos conférences particu-
lières contre les lois qui, sous prétexte de réprimer
l'usure, fixaient un maximum à l'intérêt de toute
espèce de prêt, quoiqu'il m'eût permis de lui dire
souvent que ces lois étaient au moins inutiles toutes

les fois qu'elles n'étaient pas nuisibles, parce que
le propriétaire d'un capital *devait en tarifer le loyer
proportionnellement aux risques ;* que la loi ne devait intervenir pour fixer l'intérêt que dans le cas
où les parties ayant négligé de le faire, des contes-
tations s'élèveraient entre leurs héritiers ; il me dit
un jour devant un cercle nombreux, avant l'ouver-
ture du Conseil d'Etat auquel il allait se rendre :
« *Je vais faire discuter une loi qui n'est pas dans
le système de vous autres idéologues, car elle doit
déclarer usuraire tout intérêt qui excède* 5 p. % »
« Je m'asbtins, continue M. *Molien*, d'assister à ce
Conseil ; je n'aurais pu empêcher que la mesure fût
prise ; elle le fut à l'unanimité. »

Respect à la défiance modeste de l'honorable ministre des finances du premier Empire ; mais sa
place, ce jour-là, n'était-elle pas au Conseil d'Etat ?
Napoléon dut lui savoir mauvais gré d'avoir fui le
combat, lui qui n'avait pas l'habitude de se croire
battu d'avance. La contradiction d'un adversaire
aussi compétent que M. Molien aurait certainement donné à la discussion un intérêt et une portée
que n'ont pas toujours les décisions prises à l'unanimité par de nombreuses assemblées.

Mais si imposante que soit l'opinion intime et
réfléchie de Napoléon sur un point qu'il considérait,
avec raison, comme d'ordre public et politique,
il nous faut chercher ailleurs les motifs qui déter-
minèrent la présentation et le vote de la loi de 1807.

Ce fut M. le Conseiller d'Etat *Jaubert*, un autre esprit d'élite de cette époque, qui en fut le rapporteur.

On n'a pas fait ressortir assez l'importance de son rapport ; elle a été comme oubliée sous le mot de Napoléon : qu'on nous permette donc de rappeler quelques fragments de ce remarquable travail : on le dirait écrit d'hier :

« Cette matière se lie intimement au *maintien de l'ordre social*, disait l'honorable rapporteur, *à la restauration de la morale publique, à la conservation des propriétés, à la sûreté du commerce.* »

Il rappelle ensuite la législation antérieure et les déplorables effets des mesures révolutionnaires sur l'intérêt de l'argent. « De là, dit-il, *ces excès auxquels on se livra pendant le cours de ces temps désastreux :* de là aussi les incertitudes des tribunaux dont les uns auraient voulu élever *un mur contre l'usure*, tandis que les autres semblaient se déguiser tous *les maux qu'elle entraînait.* Le code laissait toute liberté dans les stipulations ; seulement il déclarait que la fixation de l'intérêt rentrait dans le domaine du Législateur ; cette sage circonspection peut s'expliquer par les circonstances où nous étions alors ; le temps est venu où il s'agit d'examiner si cette fixation est nécessaire ; il suffit pour cela de jeter *les yeux sur les maux qu'a produit et que* PRODUIRAIT ENCORE *l'arbitraire dans les stipulations :* il *est reconnu que le taux excessif de l'intérêt de l'argent attaque la propriété dans ses fondements,* QU'IL RUINE L'AGRICULTURE, *qu'il empêche les propriétaires de faire des améliorations utiles, qu'il corrompt les véritables sources de l'industrie, que, par sa pernicieuse facilité de procurer des gains considérables, il détourne les citoyens des professions utiles et modestes, enfin, qu'il tend à ruiner les familles et à y porter le désespoir. Le commerce lui-même est bien loin de réclamer une exception à ces principes.* »

Sauf ces derniers mots relatifs au commerce et sur lesquels nous faisons des réserves que nous expliquerons bientôt, le tableau que nous venons de lire ne conserve-t-il pas toute sa fidélité et toute son énergie ?

Depuis qu'il a été tracé, les circonstances ont-elles tellement changé, surtout *en ce qui touche le prêt civil,* que nous devions renoncer à la sagesse des principes rapppellés et aux leçons du passé pour recommencer des essais qui ont produit à toutes les époques les maux qu'on vient de signaler et qui certainement ne seraient pas moindres aujourd'hui, selon les prévisions de l'honorable rapporteur de 1807, à moins qu'on ne veuille prétendre que l'ardeur des gains faciles s'est appaisée, que le goût du confortable et du luxe a diminué, que l'agriculture n'a plus besoin d'être aidée et qu'enfin notre génération est plus modeste et plus désintéressée que les générations précédentes. Mais nous

allons voir reproduire, à cinquante ans d'intervalle,
les mêmes observations et les mêmes plaintes :
n'anticipons point.

Nous l'avons déjà dit et c'est le moment de le
répéter, cette loi de 1807, objet de si violentes
attaques, a-t-elle manqué à sa destinée, au but
indiqué par ses auteurs ? a-t-elle empêché le dé-
veloppement des richesses nationales ? N'est-ce pas
sous son empire qu'on a exécuté ces grands travaux de chemin de fer, de routes et communica-
tions vicinales, d'assainissement, d'embellissement
de nos cités ? déduisons par la pensée les *milliards*
que, depuis sa date, nous avons dépensés pour
liquider le passif des Révolutions, les immenses frais
de la guerre et des travaux publics, et il y aura
vraiment lieu de s'étonner que la France, malgré
ces charges accablantes, ait fait de si grandes
choses et qu'elle conserve une prospérité inconnue
aux autres nations ?

Et tout cela, encore une fois, malgré la loi de
1807 !... celle qu'on veut lui substituer aurait-elle
produit d'aussi heureux résultats ? en promet-elle
de meilleurs pour l'avenir ? Continuons à chercher
la réponse dans les faits.

XI.

Les promoteurs de cette loi nouvelle dûrent être
bien étonnés, quand 1848 éclata, de voir que les

législateurs de cette époque, qui se passèrent aussi
tant de fantaisies en fait de liberté, n'eussent pas
songé à proclamer la liberté de l'argent.

Ils durent être bien plus étonnés encore quand,
peu de temps après, ils virent que cette loi de 1807,
selon eux si arbitraire, si despotique, si cruelle
contre l'usure parut au contraire aux législateurs
nouveaux trop douce, trop indulgente, trop bé-
nigne et qu'ils sentirent la nécessité de la rendre
plus forte et plus efficace contre le mal.

On voit que nous voulons parler de la loi du
19 *décembre* 1850.

Chose vraiment remarquable ! la plupart des
économistes qui ont écrit depuis cette loi ne la
mentionnent même pas ; et si quelques-uns ont cru
devoir en parler par exception et comme en passant,
c'est pour s'en plaindre, pour la critiquer vivement
sans la discuter, pour la déclarer plus *absurde* et
plus *ignorante* que la loi de 1807.

Cet oubli, ce dédain affecté de la loi nouvelle
qui semblait devoir tenir une si grande place
dans ce débat, nous obligent d'en rappeler le texte ;
il faut bien connaître la pièce incriminée.

La loi de 1807 fut ainsi modifiée par celle de
1850.

« Art. 1er. Lorsque dans une instance civile ou
commerciale il sera prouvé que le prêt conventionnel a été fait à un taux supérieur à celui fixé
par la loi, les perceptions excessives seront im-

putées de plein droit aux époques où elles auront eu lieu, sur les intérêts légaux alors échus, *et subsidiairement sur le capital de la créance.*

» Si la créance est éteinte en capital et intérêts, le prêteur sera condamné à la restitution des sommes *indûment perçues avec intérêt du jour où elles lui auront été payées.*

» Tout jugement civil ou commercial constatant un fait de cette nature sera transmis par le greffier *au ministère public,* dans le délai d'un mois, sous peine d'une amende qui ne pourra être moindre de seize francs, ni excéder cent francs.

» Art. 2. Le délit d'habitude d'usure sera puni d'une amende qui pourra s'élever *à la moitié* des capitaux prêtés à usure *et d'un emprisonnement de six jours à six mois.*

» Art. 3. En cas de nouveau délit d'usure, le coupable sera condamné *au maximum des peines prononcées par l'art. précédent,* et elles ne pourront être élevées qu'au double, sans préjudice des cas généraux de récidive prévus par les art. 57 et 58 du code pénal.

» Après une première condamnation pour habitude d'usure, le nouveau délit résultera d'un fait postérieur même *unique,* s'il s'est accompli dans les cinq ans à partir du jugement ou de l'arrêt de condamnation.

» Art. 4. S'il y a eu escroquerie de la part du prêteur, il sera passible des peines prononcées par l'art. 405 du code pénal, sauf l'amende, qui demeure réglée par l'art. 2 de la présente loi.

» Art. 5. Dans tous les cas, et suivant la gravité des circonstances, les tribunaux pourront ordonner, aux frais du délinquant, *l'affiche du jugement* et son insertion par extrait dans un ou *plusieurs journaux du département*.

» Art. 6. Ils pourront également appliquer, dans tous les cas, l'art. 463 du code pénal.

» Art. 7. L'amende prévue par le dernier paragraphe de l'art. 1er sera prononcée, à la requête du ministère public, par le tribunal civil. »

On voit que ce n'est pas sans motif que nos adversaires aiment peu à parler de cette loi ; elle venge énergiquement celle de 1807 de leurs vives attaques ; elle condamne plus sévèrement leur doctrine ; elle en est la contrepartie la plus dissonante, la réprobation la plus complète.

Ils ont essayé de s'en consoler en disant que son rapporteur, le célèbre et regrettable avocat *Paillet*, n'avait pas été de l'avis de cette loi.

Erreur ou illusion nouvelle ! car c'est lui qui la prépara cette loi, qui en modifia par deux fois la rédaction, qui la fit adopter par deux scrutins séparés et qui triompha aisément de quelques résistances isolées.

Nous regrettons que l'étendue de son rapport et de la discusssion à laquelle il donna lieu, ne nous permette point de les reproduire ici, de

même que les développements de la proposition
de l'honorable M. *Félix de St-Priest*, proposition
d'où sortit la loi et qui avait été prise en considération par un premier vote de l'assemblée sur
le rapport de l'honorable M. *de Larcy*.

On verrait dans ces documents toute la pensée de
la loi (1) mais elle ressort suffisamment de son texte.

Seulement et puisqu'on invoque l'autorité de
M. *Paillet*, citons quelques lignes de son rapport.

« La loi de 1807, dit-il, *fut reçue comme un
bienfait par l'opinion publique ;* elle venait mettre
un terme aux *exigences scandaleuses* que la législation antérieure avait autorisées et pour ainsi
dire *provoquées......* La commission a pensé
avec l'auteur de la proposition que la loi de 1807
pouvait et devait être améliorée sous plusieurs
rapports, telle a été aussi l'opinion de l'assemblée
elle-même, lorsqu'elle a voté la prise en considération...... La commission ne pouvait être
sourde *aux plaintes nombreuses qui témoignent
hautement des lacunes et de l'insuffisance de la
loi de* 1807 ; il est surtout plusieurs de nos départements qui semblent voués plus particulièrement
au *fléau de l'usure* et qui réclament des remèdes
plus efficaces contre un mal opiniâtre et invétéré. »

____

(1) On peut les lire au *Moniteur* des 14, 20, 23 novembre et
18 décembre 1849 ; 26 février, 16, 28, 29, 30 juin, 2 juillet,
13, 14 et 20 décembre 1850. Peu de lois ont été si mûrement
préparées, si profondément discutées.

Voilà un singulier défenseur de l'usure ; un étrange adversaire de la loi votée selon ses conclusions !

Nous avons fait cette rectification nouvelle autant dans l'intérêt de la vérité que pour rendre hommage à la mémoire de notre ancien collègue M. *Paillet*, dont nous honorions autant que nos adversaires le caractère et le talent.

XII.

Nous avons omis dans l'ordre chronologique de cette analyse la loi électorale du 15 mars 1849.

On nous demandera, sans doute, ce que peut avoir de commun cette loi avec la question du prêt à intérêt ? Rien, absolument rien si ce n'est les deux articles suivants :

Art. 3. Ne seront pas inscrits sur la liste électorale...... *ceux qui ont été condamnés pour délit d'usure.*

Art. 79. Ne peuvent être représentants du peuple ceux qui *ont été condamnés pour délit d'usure....*

Ni électeurs, ni éligibles ; ils sont écartés comme *indignes.*

Et cette indignité, voici comment M. *Billault*, rapporteur de la loi, la caractérisait :

« Les condamnations pour *usure*, pour vol, etc. nous ont aussi paru entraîner *une flétrissure morale, incompatible avec l'honneur de l'électorat.* »

Et quant aux éligibles..... « L'admission de ces condamnés au nombre des représentants du peuple *souillerait la majesté de la représentation nationale*. »

On sait que cette loi électorale du 15 mars 1849 fut modifiée par la loi du 31 mai 1850, mais non point dans cette disposition ; elle répéta, au contraire, textuellement l'article qui excluait les usuriers.

Mais auront-ils au moins trouvé plus d'indulgence quand il s'est agi de la liste du *jury ?*

Moins encore. Art. 2 de la loi du 4 *juin* 1853, « Sont incapables d'être jurés..... *les condamnés pour délit d'usure.*

» On dit quelquefois des tribunaux, lisons-nous dans le rapport qui prépara cette loi, qu'ils sont le *sanctuaire* de la justice ; ce mot emprunté à la langue religieuse n'est point au-dessus de l'idée qu'il exprime et toujours, on a compris que l'œuvre de la justice veut des esprits éclairés, des caractères indépendants et *des âmes honnêtes* ; c'est en envisageant cette triple nécessité que le projet, suivant l'exemple des lois antérieures, prononce un certain nombre d'exclusions. » (Rapport de M. *Langlais*, alors membre du Corps législatif, et aujourd'hui conseiller d'Etat).

Et remarquons bien que la loi électorale et celle du jury sont des lois organiques, promises par la Constitution et qui s'incorporent avec elle. En sorte que notre droit public devrait fléchir comme notre droit privé, comme l'opinion générale dont ils sont l'expression la plus haute, devant la nouvelle loi proposée.

Ces flétrissures, ces exclusions, ces indignités, ces aggravations de peine ne sont-elles pas comme un reflet de la juste colère de *Tacite*, *d'Henri IV* et *de Napoléon?* A l'aide de ces grands et lumineux jalons, placés à de longues distances, vous pourrez aisément suivre le cours des siècles et vous n'en trouverez pas un seul où l'usure n'ait eu le secret de révolter toutes les consciences alors même, alors surtout qu'elle était tolérée par les lois, sauf dans ce dernier cas à troubler, par ses excès, la chose publique elle-même.

XIII.

La nouvelle campagne entreprise en faveur de l'usure avait déjà commencé sous le dernier gouvernement et ici nous sommes encore obligés de rétrograder de quelques années.

En 1836, un honorable député de l'opposition, M. *Lherbette*, usant de l'initiative parlementaire de cette époque, déposa une proposition ainsi conçue :

« Les dispositions de la loi du 3 septembre 1807 qui limitent le taux de l'intérêt conventionnel sont abrogées. »

Il développa habilement à l'appui de sa proposition les arguments que les économistes du dernier siècle et ceux plus nombreux du siècle présent avaient déjà présenté, et qui furent toujours si froidement accueillis par l'opinion.

Ils le furent davantage par le vote de la Chambre des Députés, auquel nous eûmes l'honneur de prendre part. La proposition n'eut pas même les honneurs d'une prise en considération ; elle fut rejetée à une immense majorité.

Les orateurs entendus dans cette discussion préalable, qui devint définitive, ne furent pas nombreux : il y en eut un qui les remplaça tous.

M. *Dupin aîné* combattit la proposition de son collègue avec cette puissance de haute raison et cette verve de bon sens pratique que nous savons et qui déconcertèrent l'auteur de la proposition et ses rares adhérents.

Ils se vengèrent de leur défaite en disant assez haut pour être entendus : « *On n'est pas fort au Palais sur l'économie politique*, »

Cette innocente épigramme, qui s'adressait moins au Palais qu'à la Chambre qui venait de voter comme lui, ne pouvait émouvoir ni les législateurs ni les jurisconsultes.

Le plus éminent d'entr'eux qui savait le mot et qui le rapporte, y a répondu avec plus de calme et de courtoisie.

« L'économie politique, dit-il, est une grande

chose , sans doute , le palais la respecte quand elle reste *dans le vrai* , mais lorsqu'elle poursuit des *tentatives dangereuses* . . . . les jurisconsultes clairvoyants n'ont aucun scrupule de se séparer d'elle » (1).

M. Dupin , dans cette même séance du 9 mars 1836 avait dit aussi que la science économique *était trop jeune* pour lui sacrifier les principes éternels de justice et de morale.

Nos adversaires rappellent encore pour s'en plaindre, un autre mot de M. *Thiers* qui aurait dit que l'économie politique était une *littérature ennuyeuse*; c'est très-possible ; l'essentiel est qu'elle soit exacte : or, les faits acquis jusqu'à ce jour sont loin de garantir cette exactitude, du moins en ce qui touche la question actuelle.

On a également signalé comme *anti-économiste* un des plus illustres écrivains du dernier siècle et qu'on ne pouvait accuser cependant de trop de complaisance pour les saintes écritures. *Voltaire* , dit-on, n'était pas fort non plus en économie politique *témoin son homme aux quarante écus* (2). On pouvait en trouver une meilleure preuve dans sa comédie du *dépositaire* dont il avait pris le sujet dans une anecdote où *Ninon de l'Enclos* et un fameux capitaliste du temps jouaient les principaux rôles : inutile de

(1) M. le premier président Troplong , traité du prêt, p. 299.

(2) De la Liberté de l'Argent , par M. *Clément Laurier*, p. 58.

dire quel était le rôle le plus favorable ; alors comme aujourd'hui les usuriers n'étaient pas seulement justiciables de la police correctionnelle, mais encore du théâtre qui ne les ménageait pas davantage. C'était un autre genre d'exposition et d'écriteau : faut-il l'abolir aussi avec la loi de 1807 ?... formulez l'article.

XIV.

Cet essai malheureux de 1836, et les lois plus significatives de 1849, de 1850 et 1853 que nous venons de rappeller, ne semblaient pas devoir encourager de nouvelles tentatives.

Cependant en 1862 la question fut introduite au Sénat par voie de pétition. M. le premier Président *Bonjean* fit sur plusieurs pétitions collectives ayant le même objet, un de ces rapports comme il sait les faire et où toutes les faces de la question furent savament et habilement mises en lumière.

Deux orateurs considérables qu'on place à bon droit au premier rang de nos économistes les plus consciencieux et les plus éclairés soutinrent tout le poids de la discussion (1).

Ils reproduisirent avec un remarquable talent les arguments les plus spécieux en faveur de la liberté de l'argent.

______

(1) MM. *Michel Chevalier* et *Forcade de la Roquette*, sénateurs.

Mais là se trouvait encore l'infatigable et vigou-
reux athlète de 1836 avec sa vieille armure de fer
contre laquelle vinrent se briser une fois de plus
les brillantes évolutions de ses jeunes adversaires.

L'illustre président de l'assemblée, moins jaloux
de prendre part à la discussion que de la diriger
avec une digne impartialité, ne laissa échapper
qu'un mot; mais ce mot fut caractéristique; l'*argent*, dit-il, en interrompant un des orateurs *n'est
pas une marchandise*; ce fut tout son discours.
L'auteur du traité du prêt n'avait pas besoin d'en
prononcer d'autre, car dans ce traité se trouve,
comme nous l'avons dit, la clef de toutes les diffi-
cultés de notre question. Elle fut résolue en 1862
par le Sénat comme elle l'avait été en 1836 par la
Chambre des députés et en 1850 par le Corps législatif (1).

XV.

Voilà les précédents de la question jusqu'en 1862:
n'avions-nous pas raison de dire qu'elle semblait
décidée non-seulement par l'opinion publique qui
ne lui a jamais fait défaut, non-seulement par les
lois de notre ancienne monarchie, mais encore par

(1) On peut lire ces deux remarquables discussions, la première
au *Moniteur* du 10 mars 1836, la deuxième au *Moniteur* du 30
mars 1862.

le vote de tous les pouvoirs législatifs qui se sont succédés en France depuis un demi siècle?

Il y avait là, à notre sens, de légitimes motifs d'espérance et de sécurité : mais les choses ont pris tout-à-coup une face nouvelle et nous avions juste sujet d'ajouter que le principe sauvegardé jusqu'ici était dangereusement menacé.

C'est le moment d'en dire la cause. Elle s'est manifestée au commencement de l'année 1864.

Le 20 janvier de cette année on discutait le projet d'adresse au Corps législatif.

Le chef vaillant de l'opposition, M. *Jules Favre*, demanda, comme de juste, la liberté illimitée de l'argent : « La liberté nous apparaît, dit-il, comme un tout sublime et radieux qu'il est impossible de diviser ; nous la demandons partout, dans le commerce , dans la famille, nous la demandons partout, où elle ne blesse pas la loi, partout où elle ne peut porter préjudice à un intérêt légitime. »

Et l'éloquent orateur résuma avec sa logique vigoureuse les meilleurs arguments des économistes. Tous ne veulent pas assurément la même somme de liberté réclamée par M. Jules Favre, mais ainsi que nous l'avons déjà remarqué, ils sont parfaitement d'accord sur la liberté de l'argent.

Le gouvernement ne l'est-il pas aussi?

Nos adversaires n'hésitent pas à répondre affirmativement et il faut convenir que les faits par eux relevés semblent donner quelque consistance à cette affirmation.

Le président du Conseil d'Etat de cette époque M. *Rouher*, répondit au chef de la gauche ; il avait l'habitude de le combattre et de le vaincre ; cette fois, il ne l'essaya pas ; il déclara, au contraire, se ranger à l'avis de son honorable adversaire ; il ajouta, que comme Ministre du commerce, il avait présenté à l'Empereur depuis deux ans un rapport qui concluait *à l'abrogation de la loi de 1807* et que ce rapport avait été renvoyé au Conseil d'Etat qui nomma dans son sein une commission pour procéder à une enquête sur cette grave matière.

Le Ministre ajoutait, avec cette réserve de bon goût qui lui est familière, qu'il n'entendait émettre que son opinion personnelle.

« Cette question, dit-il, a des aspects divers ; ne vous étonnez donc pas de la lenteur qui est apportée à son examen ; elle touche à des principes économiques que je crois vrais *personnellement*, et j'adhère très-complètement à ce qui a été dit par M. Jules Favre. »

Le Ministre ajouta que les chambres de commerce avaient été consultées pour savoir si la loi de 1807 pouvait être abrogée, et qu'elles s'étaient prononcées presque à l'unanimité pour cette abrogation.

On voit qu'il ne s'agissait ici dans la pensée de l'éminent ministre que de la *question commer-*

ciale mais sa loyauté ne lui permit pas de continuer l'équivoque ou pour mieux dire la confusion qu'on avait affectée jusque-là, car il reprend aussitôt :

« A côté de cette question du taux de l'intérêt en matière *commerciale* une autre est soulevée, celle de la suppression de la règle en ce qui *concerne le prêt civil*, là l'unanimité a été *moins grande* ; la commission dont j'ai eu l'honneur de vous parler s'étant livrée à une enquête a entendu un grand nombre de notaires de province et le président de la chambre des notaires de Paris. Les notaires de province ont soutenu *que la suppression de la loi de 1807 faciliterait l'usure dans les campagnes* ; les notaires de Paris ont avec une très-grande netteté et une très-grande résolution demandé l'abrogation de la loi. »

Nous ignorons si l'enquête est terminée et quels en ont été les éléments et les résultats.

Nous ignorons également si la cour de cassation, les cours impériales et les tribunaux de première instance ont été consultés ; nous les croyons aussi compétents que les chambres de commerce et des notaires pour donner un avis éclairé sur une loi qu'ils apppliquent depuis près d'un demi siècle à travers tous les artifices de la cupidité pour en détourner l'application.

Nous ignorons, enfin, si la question a été soumise aux conseils généraux organes naturels des populations.

Mais l'un d'eux et des plus importants celui de la *Seine-Inférieure* a pris dans sa dernière session une délibération que les journaux économistes se sont empressés de reproduire, car elle est conforme à leur opinion et elle offre d'ailleurs d'autant plus d'importance, il ne faut pas le dissimuler, qu'elle fut prise sous la présidence de M. *Rouland* alors président du Conseil d'Etat et sur le rapport de M. le comte *Germiny*, ancien gouverneur de la banque de France.

XVI.

Enfin et pour clore la série' des documents favorables ou contraires que nous venons d'analyser, nous devons, en rapporteur fidèle, signaler un dernier symptôme officiel et entièrement conforme, comme le précédent, au système que nous essayons de combattre.

Le mois de septembre dernier (1864), M. le ministre de l'instruction publique a doté l'école de droit de Paris d'une *chaire d'économie politique*; il a chargé de ce cours spécial M. *Batbie*, ancien auditeur au Conseil d'Etat et professeur suppléant à cette même école de droit où son nom fait déjà autorité. Ses remarquables travaux judiciaires et administratifs, son profond savoir et l'honorabilité de son caractère le désignaient au choix du Gouvernement. Il avait encore à ses yeux un titre de plus : l'a-

cadémie des sciences morales et politiques venait
de couronner un de ses mémoires où il demandait la réforme de la loi de 1807 ; c'est évidem-
ment cette réforme qu'il va professer.

Dans quelle mesure? on ne le sait pas encore ;
nous ignorons de même si l'académie des sciences
morales et politiques qui a couronné l'œuvre du
savant professeur, s'est par cela même, associée
à ses conclusions? nous ne le pensons pas ; car
les usages de l'académie, souvent rappelés par
elle-même, ne permettent pas de la regarder comme
solidaire des opinions émises dans les œuvres cou-
ronnées par elle.

Le même usage, la même règle existe à l'académie de législation de Toulouse; nous avons
déjà parlé du mémoire couronné par cette académie, en 1863. Un de ses membres les plus
distingués M. G. *Humbert*, chargé de faire un
rapport général sur le concours expliqua lui-aussi,
très-nettement et à plusieurs reprises que l'académie entendait bien *réserver son opinion sur la
question proposée* : mais quelle était cette question? Il est essentiel d'en connaître les termes :
« Du prêt en matière civile et commerciale,
du droit de l'Etat d'intervenir dans la fixation du
taux de l'intérêt, des avantages et des inconvénients de cette fixation, enfin de la combinaison
que pourrait le mieux concilier en cette matière
les données économiques *avec le respect de l'équité,*

de la morale publique et aussi des traditions de la société française. »

L'académie a-t-elle voulu sacrifier tout cela aux données économiques ? Nous nous abusons peut-être, mais il nous semble que c'est précisément tout le contraire et qu'elle voulait sauvegarder avant tout, les principes que nous invoquons nous-mêmes sauf à les coordonner avec la science nou-velle en tant qu'elle pourrait se concilier avec le *respect de l'équité, de la morale publique* et avec les *traditions de la société française*, toutes choses qui, comme on l'a vu, repoussent énergiquement le système des économistes.

Aussi l'honorable rapporteur exprimait-il le regret que les mémoires présentés n'aient pas fait une distinction entre le prêt commercial et le prêt civil et proposé une *solution mitoyenne.*

Nous avons, comme on l'a vu, exprimé aussi les mêmes regrets touchant les nombreuses publications qui se sont succédées dans ces dernières années et ces regrets sont d'autant plus sincères de notre part que cette solution *mitoyenne*, cette distinc-tion entre le prêt *civil* et le prêt *commercial* est le fondement principal et le but de cet écrit, ainsi que nous allons le mieux expliquer dans un instant.

Tels sont les documents législatifs, parlemen-taires, scientifiques et administratifs que nous avons cru devoir rappeler ; les observations dont nous les avons accompagnés, nous permettent, ou pour mieux dire, nous commandent d'abréger celles qui nous restent à présenter pour répondre, d'une manière plus directe, aux objections les plus spécieuses de nos honorables adversaires.

XVII.

Ils élèvent d'abord, ainsi qu'on l'a vu, une espèce de fin de non recevoir, contre le droit du Gouvernement de fixer une limite au taux de l'intérêt.

C'est ici qu'ils invoquent principalement la maxime un instant admise par les législateurs de 1793, et bientôt répudiée par eux, à savoir, que *l'argent est une marchandise*.

Avons-nous besoin de revenir sur cette querelle de mots? Faut-il ajouter à toutes les raisons déjà données celle-ci plus décisive encore et qui n'est que la conséquence des autres, à savoir, que la monnaie métallique, à la différence des marchandises, a un cours forcé, qu'on ne peut la refuser en paiement et que le débiteur est valablement libéré en cas de refus, par l'offre réelle et la consignation de la somme due?

Mais peu confiants dans cette comparaison, nos adversaires ont mis largement à contribution les principes de la liberté des transactions et du droit absolu de propriété qui consiste dans la faculté d'user et d'abuser, *jus utendi et abutendi*; et pleins de leur sujet, quelques écrivains ont réellement usé et abusé des principes qu'ils invoquent.

Si respectables qu'ils soient ils ont eux-mêmes une limite, celle de l'intérêt public.

Or, peut-on raisonnablement contester que la fixation du prix de l'argent n'est pas d'ordre public? C'est ainsi qu'il a toujours été considéré, non-seulement à Rome et chez les autres nations, mais encore et surtout en France. Les nombreux édits depuis celui de Louis XII de 1501 jusqu'à la loi du 19 décembre 1850, les lois révolutionnaires comprises, ont constamment réglementé cette matière; il semble qu'il soit un peu tard aujourd'hui pour méconnaître la compétence de cette série non interrompue d'actes législatifs anciens et nouveaux.

Et ce n'est pas seulement en ce point que le droit de propriété et la liberté des transactions ont été justement limités.

Celui qui, par le travail persévérant de toute sa vie, est devenu propriétaire ne peut disposer que d'*une partie* de sa propriété s'il laisse des ascendants ou des descendants.

Cette propriété peut lui être enlevée *entière* pour le percement d'une rue ou l'agrandissement d'une place. Il sera indemnisé sans doute, mais il n'en sera pas moins *exproprié* ; il aura vendu son bien malgré lui.

Les majeurs, maîtres de leurs droits, peuvent bien traiter avec une entière liberté ; mais s'il s'agit d'un premier acte de partage héréditaire, ou même d'une simple vente, ils peuvent les faire rescinder pour cause de *lésion*, malgré leur capacité de contracter. Cette capacité ne s'étend jamais aux successions futures ni à d'autres stipulations contraires aux lois et aux bonnes mœurs.

Ils ne peuvent défricher leurs bois ni construire, en certains cas, sur leur fonds sans l'autorisation du Gouvernement.

Ils sont obligés de subir sur leur terrain des travaux d'irrigation, de reboisement, de gazonnement et d'autres servitudes au profit de tiers.

Ils ne peuvent vendre leur grain *en vert* sous peine de les voir confisquer : la loi du 6 messidor an III qui contient cette défense et cette pénalité est en pleine vigueur et souvent appliquée (1).

Ils ne peuvent stipuler dans un contrat de prêt qu'à défaut de paiement à l'échéance, ils seront dispensés d'observer pour la vente du bien hypothéqué les longues et nombreuses formalités du code de procédure civile (2).

(1) Voir notamment deux arrêts de la Cour de cassation rapportés par Sirey, 1854, 1-734 — et 1856, 1-560.

(2) Art. 742 de ce code. Nous avons au reste protesté nous-mêmes contre cet article introduit en 1841 dans notre législation. (Voir nos *Études sur la Procédure civile*, p. 387.) *Cotillon*, éditeur.

Un office ministériel ne peut être cédé au prix débattu et fixé entre les parties ; il faut que le Garde-des-Sceaux donne son approbation à ce prix librement consenti ; s'il la refuse, la cession de l'office est considérée comme non avenue.

Nous pourrions citer bien d'autres cas où le droit de propriété et la liberté des transactions doivent fléchir devant un intérêt supérieur.

Mais pourquoi prolonger sans nécessité un débat qui nous éloigne de la véritable question à résoudre, celle de l'intérêt en matière civile ?

XVIII.

Il faut aussi dégager cette question de l'élément commercial qui la fausse et la dénature.

Ce sont, en effet, deux ordres d'idées entièrement distincts : vouloir les assimiler et leur donner une règle et une solution communes, comme on l'a essayé, c'est éluder la difficulté, ou la compliquer inutilement.

Cette distinction est dans la nature même des choses et la nécessité des faits.

Elle a été reconnue dans tous les temps et dans tous les pays.

On la résumait autrefois dans cet axiome : *plus valet pecunia mercatoris quam non mercatoris.*

Elle est écrite dans toutes nos lois *et notam-*

ment dans celles de 1807 et de 1850 que nous examinons. Ces deux lois ont un chiffre différent pour les deux natures de prêt.

Nos adversaires ne contestent pas précisément cette distinction, mais ils l'oublient, ils raisonnent souvent comme si elle n'existait pas. Ils appliquent leurs arguments les plus sérieux touchant l'intérêt commercial à l'intérêt civil qui les repousse entièrement.

Le premier et le principal de ces arguments est puisé dans la loi du 9 juin 1857 dont l'art. 8 est ainsi conçu : « La Banque de France pourra, si les circonstances l'exigent, élever au-dessus de 6 0/0 le taux de son escompte et l'intérêt de ses avances. »

Une telle faculté, indéfinie, sans limite, accordée exclusivement à la Banque de France, excita de vives plaintes qui retentissent encore.

On demanda d'abord pourquoi les Banquiers privés et tous les négociants en général n'auraient pas la même faculté ? Faut-il donc, ajoutent-ils, que nous empruntions à *dix* pour prêter à *six ?* La Banque de France a-t-elle seule le privilège de l'usure ? Ne doit-on pas craindre la contagion de cet exemple peu moral ? Est-il juste et de bonne politique de permettre à un établissement public ce qu'on défend aux particuliers sous les peines les plus sévères ?

Et ce n'est pas seulement la Banque de France,

disent-ils enfin, qui fait payer son argent au-
dessus du taux légal; mais aussi les comptoirs
étrangers avec lesquels nous sommes en relations
d'affaires, relations qui depuis 1807 et surtout
depuis 1850 ont pris une telle extension que ce
serait les amoindrir et les compromettre que d'im-
poser à nous seuls l'ancienne limite partout dé-
passée. Aussi, voyez comme on se joue de cette
limite, dans la pratique commerciale; changes,
rechanges, droit de commission, escompte, cour-
tage, compte courant, etc., sont autant de moyens
journellement employés pour élever l'intérêt au-
dessus du taux légal, et les tribunaux sont obligés
de sanctionner ces détours introduits par les nécessités du commerce.

Les défenseurs de la loi de 1857 répondent
de leur côté qu'il ne faut pas se méprendre sur
l'objet et la portée de la disposition critiquée.
Elle n'entendait pas donner à la Banque un moyen
de faire de plus gros bénéfices; elle voulait au
contraire, qu'elle prêtat moins et qu'il lui fut
permis seulement par l'élévation de l'intérêt, de
défendre son encaisse contre les spéculations qui,
à certains moments, étaient fort à craindre de
la part du commerce national et surtout du commerce étranger.

Cette considération d'intérêt général ne pouvait
s'appliquer à des individualités commerciales si
élevées quelles fussent, car elles ont et elles

entendent bien garder leur complète indépendance
sans autre responsabilité , sans autre garantie que
celles de leurs faits personnels ; sans la surveil-
lance , sans les règles et les statuts qui lient la
Banque de France et qui en font, moins un établissement commercial qu'une administration publique dont le chef , sous le titre de *gouverneur*,
est nommé par le pouvoir exécutif.

Et c'est bien ce caractère qui lui a fait attribuer un droit qui ne pouvait être concédé à de
simples particuliers sous peine des plus graves
abus. Mieux eût valu , mieux vaudrait encore de
décréter purement et simplement la liberté illimitée
de l'argent pour tout le monde sans distinction.

Telle est aussi la conclusion de nos adversaires. De là leurs vives critiques non-seulement
contre la loi de 1807 et de 1850 , mais contre
celle trop restreinte, à leur sens, du 9 juin
1857.

Sans nous expliquer, en ce moment sur cette
dernière loi et sur la manière dont elle est
attaquée et défendue , remarquons que nous aurions pu l'ajouter à la liste des lois répressives :
elle paraît encore plus explicite que les précédentes,
car enfin elle était sur la voie , sur la pente et
elle s'est arrêtée comme effrayée du pas qu'elle
venait de faire.

Il faut, dit-on , qu'elle en fasse d'autres ou
qu'elle rétrograde ; ce nouveau privilège ajouté

à tant d'autres , permet à la Banque de France d'établir à volonté en matière d'intérêt, comme une espèce d'échelle mobile qui par ses oscillations peut devenir si funeste aux transactions commerciales ; c'est le seul effet qu'elle ait produit dans ces derniers temps ; cependant la Banque gardait oisif et comme immobilisé son énorme capital dont la destination mieux comprise aurait prévenu les embarras et les souffrances que le commerce vient d'éprouver.

L'administration de la Banque de France s'est émue à son tour de ces reproches qu'elle croit immérités et elle s'est réunie avec empressement à ses accusateurs pour demander aussi une enquête sur les véritables causes des crises monétaires trop fréquentes et sur les moyens d'en prévenir le retour.

Un décret impérial du 9 *janvier* 1865 , rendu sur le rapport collectif du Ministre des finances et du Ministre du commerce , vient de faire droit à toutes ces pétitions en ordonnant l'enquête demandée.

C'est le Conseil supérieur du commerce , de l'agriculture et de l'industrie qui est chargé , sous la présidence du Ministre d'Etat , de cette importante mission. Elle ne pouvait être confiée à des autorités plus compétentes.

Bien que la question relative à l'intérêt de l'argent ait fait, comme on l'a vu, l'objet d'une en-

quête spéciale, cette question sera-t-elle néanmoins réservée et traitée conjointement avec toutes
les autres auxquelles elle semble se rattacher, puisqu'on reconnaît de part et d'autre que les idées de
crédit et de circulation monétaire et fiduciaire
ont entr'elles une certaine solidarité qui appelle
un commun examen?

Si néanmoins on scindait ces diverses questions
et qu'on examinât la première, celle du prêt *commercial*, comment faudrait-il la résoudre?

Devrait-on accorder la liberté si vivement réclamée? La liberté absolue, sans limite, sans condition, sans distinction, malgré les inconvénients et
les dangers qu'elle pourrait entraîner, et qui, pour
être moindres qu'en matière civile, seraient tout
aussi certains?

Si la sagesse du législateur, éclairée par l'expérience, n'osait aller jusques là, le chiffre maximum de 1807 devrait-il être élevé, toujours en
matière commerciale, et dans quelle proportion?

Ce chiffre supérieur serait-il permanent? ou
soumis à des règlements périodiques d'administration générale qui prendraient pour base le taux
de l'escompte de la Banque de France, la cote des
fonds publics, l'opinion des Chambres de commerce
ou tout autre régulateur de nature à mieux réfléter l'état du marché en France et à l'étranger?

Les banquiers et les négociants en général
pourront-ils exiger, indépendamment de l'intérêt

qui aurait une limite quelconque des droits de commission, de change, de rechange, etc. Dans quelles circonstances et dans quelle mesure ? L'incertitude des tribunaux à cet égard n'appelle-t-elle pas une décision législative ?

Ces droits seraient-ils uniformes ou calculés selon la nature des opérations, selon les localités et le chiffre correspondant des comptoirs étrangers ?

Quelle influence les usages de ces comptoirs peuvent-ils exercer sur les nôtres ?

Ces questions et bien d'autres encore qui ne sont, ni de ce moment, ni de ce lieu, furent entrevues par la commission du Sénat de 1862.

Son habile rapporteur n'avait pas mission de les résoudre. Aussi se borna-t-il à indiquer celles qui ressortaient des pétitions dont il faisait l'analyse.

« Mieux que personne, disait-il, le Gouvernement pourra apprécier si, sans abroger absolument la loi de 1807 (dont la commission réclame expressément le maintien en ce qui touche le *prêt civil*), il ne serait point possible de donner satisfaction aux pétitionnaires sur les deux points principaux qui se résument ainsi : 1° Toutes les fois que la Banque de France élevera le taux de ses escomptes, les banquiers seront autorisés de plein droit à élever le leur dans la même proportion. 2° Dans leurs relations avec les négociants étrangers et avec ceux de l'Algérie et des Colonies, les négociants français pourront-ils valablement stipuler un intérêt égal à celui en usage dans le pays habité par l'autre partie ? »

» C'est dans ce sens restreint , ajoute l'honorable rapporteur, que la majorité de votre commission m'a chargé de vous proposer de soumettre les deux pétitions aux méditations du Ministre du commerce. »

On sait que ce renvoi ne fut pas ordonné et que le Sénat prononça l'ordre du jour à une grande majorité sur la pétition qui demandait l'abrogation pure et simple de la loi de 1807, et qu'elle ordonna le dépôt au bureau des renseignements de la pétition relative aux exceptions commerciales réclamées.

L'enquête spéciale faite par le Conseil d'Etat sur l'intérêt de l'argent , celle plus vaste qui va s'ouvrir en vertu du décret impérial du 9 janvier dernier jetteront de vives lumières sur ces importantes questions et sur toutes celles qui s'y rattachent. Elles font déjà le sujet d'une ardente polémique dans la presse et dans le monde des grandes affaires financières.

Le *Moniteur* du 8 février dernier renferme le *questionnaire* qui doit servir de guide et de base à l'enquête sur *les principes et les faits généraux qui régissent la circulation monétaire et fiduciaire.* Ces questions sont au nombre de *quarante-deux.* Elles excèdent par leur nombre et même par leur objet le cadre restreint de cette étude.

Aussi n'essayerons-nous pas de prévoir les réponses et moins encore le résultat de l'examen auquel va se livrer la haute commission.

Mais si favorable que puisse être son opinion à la liberté du taux commercial, nous persistons à penser que cette liberté ne saurait être étendue au prêt civil : c'est notre principale, ou pour mieux dire, notre unique thèse et nous devons y rentrer pour n'en plus sortir.

XIX.

Cette question spéciale bien que très-distincte des autres, peut sans doute être affectée dans une certaine mesure par la discussion et la solution de celles-ci, mais non point toutefois sous les rapports indiqués par nos adversaires.

« Il ne vous servirait de rien, disent-ils, en effet, de conserver la limite civile si la limite commerciale doit être effacée, car alors les prêts ne manqueraient pas de revêtir la forme commerciale et ils échapperaient ainsi aux lois limitatives comme on le voit tous les jours. »

Il est vrai que l'usure est très-habile à se déguiser : ce n'est pas seulement l'apparence commerciale qu'elle emprunte ; elle prend bien d'autres travestissements ; elle les a tous essayés ; vente, donation, société, antichrèse, baux de toute espèce, retenue de l'intérêt en dehors de l'acte, prêt de marchandises revendues à l'instant et à vil prix à un compère, c'est-à-dire, à un complice, etc., tous les stratagèmes ont été mis en œuvre ; ils ne sont pas de nouvelle invention, mais on dirait qu'ils ont été perfectionnés. Nous pourrions en citer de curieux exemples.

Nos adversaires les rappellent eux-mêmes avec soin pour avoir le droit de nous dire : vous voyez bien que vos lois sont impuissantes et qu'il faut se hâter de les abroger !

Mais ils comptent sans la justice ; si la cupidité a multiplié ses expédients, la vigilance des tribunaux, pour les démasquer et les punir, semble avoir redoublé dans les mêmes proportions.

On sait les facilités que la loi et la jurisprudence donnent aux tribunaux en cette matière ; la preuve testimoniale et les présomptions sont admises, même contre les actes publics ; les registres du prêteur et sa correspondance peuvent être interrogés ; on peut même, en certains cas, lui déférer le serment d'office ; tous les moyens d'investigations sont permis et encouragés. Il est rare qu'ils ne conduisent pas à la découverte de la vérité : nos recueils judiciaires l'attestent, ils n'éditent pas sans doute, toutes les condamnations prononcées en cette matière, mais ils en rapportent un assez grand nombre pour nous bien fixer sur la jurisprudence.

Celle de la Cour de cassation semble être devenue plus sévère contre l'usure depuis les efforts imprudents tentés pour la réhabiliter. Il fallait bien arrêter le mal que la seule annonce d'une loi d'amnistie et d'encouragement a déjà produit et que les usuriers, pleins d'espérance dans la nouvelle loi, essayent d'escompter dans quelques départements.

Cette attention vigilante, cette juste rigueur de la magistrature contre les prêts excessifs n'ont pas empêché quelques-uns de nos adversaires de prétendre aussi que les lois de répression sont tombées en désuétude, que les tribunaux hésitent à les appliquer, que le ministère public lui-même n'en poursuit l'application qu'avec une certaine timidité, que c'était, en un mot, comme si elles n'existaient pas, et qu'on les considérait comme une lettre *morte*.

Mais alors pourquoi en poursuivez-vous l'abrogation avec tant de zèle et d'emportement ? — Ces pauvres lois délaissées, impuissantes, mortes, ne méritaient pas votre colère.

Ceux d'entre vous qui cultivent la science du droit à côté de la science économique savent bien qu'il n'en est pas ainsi ; ils reconnaissent avec nous que la loi de 1807 rajeunie et fortifiée par la loi de 1850 est fréquemment appliquée (1).

(1) « La loi de 1807 est plus vivante qu'on ne croit au Conseil

Moins fréquemment qu'autrefois, sans doute, parce que le délit lui-même est devenu moins fréquent ; hâtons-nous de le proclamer et de nous en réjouir ; constatons en même temps que c'est surtout depuis la loi de 1850 que cette diminution a été remarquée ; et ne craignons pas d'ajouter qu'il y aurait encore une nouvelle décroissance si

d'état, il suffit d'ouvrir nos recueils judiciaires pour s'en convaincre.» (M. *Clément Laurier*, de la Liberté de l'Argent, p. 67.)

Nous trouvons, en effet, dans ces recueils, la constante et rigoureuse application des deux lois. Une question transitoire naquit précisément de leur combinaison.

Un usurier avait été condamné à la prison par un jugement de 1re instance et un arrêt de cour impériale en vertu de la loi du 19 décembre 1850, qu'on dit inappliquée. Ce condamné se pourvut en cassation et soutint que les prêts étant *antérieurs* à cette loi, on lui avait donné un *effet rétroactif* : La Cour de cassation lui repondit « que le délit d'habitude d'usure ne se compose pas seulement de la *stipulation* d'intérêts usuraires, mais aussi de la *perception* de ces intérêts ; qu'il en résulte que cette perception donne au délit dont il s'agit un caractère spécial et successif ; qu'elle est donc soumise à *l'empire des lois qui ont eu pour but de réprimer ce genre de délit* ; d'où il suit qu'en appliquant au créancier coupable d'avoir *continué* la perception de ces intérêts, la pénalité de la loi du 19 décembre 1850 (bien que le prêt fût antérieur), l'arrêt attaqué n'a puni que des faits accomplis depuis sa promulgation et ne lui a pas donné un effet rétroactif puisqu'il est constaté en fait par cet arrêt que le prévenu a perçu ces intérêts usuraires depuis 1851 et 1852, rejette, etc. (Du 27 décembre 1853, Sirey, 1854, 405.) » — Un des derniers arrêts sur cette matière est rapporté dans le même recueil, 1864—1—341. — Il décide, conformément à la jurisprudence d'ailleurs établie, qu'il appartient au juge correctionnel de décider que la forme de l'escompte ou du change (ou toute autre forme) donnée à des opérations n'a eu pour but que *de dissimuler des prêts usuraires*, et que leur appréciation, à cet égard, était souveraine et échappait au contrôle de la Cour de cassation. C'est ainsi que les tribunaux refusent d'appliquer les lois répressives de l'usure !

par l'abandon ou le rejet de la mesure que les
journaux économistes proclament déjà comme ac-
complie, les illusions des usuriers venaient à tomber; ils se retrouveraient en présence de nos lois
répressives qui, quoiqu'on en dise, gênent un peu
leurs allures; ici, comme ailleurs, il faut le répéter avec l'autorité de la raison et de l'expérience,
c'est la répression énergique qui prévient le délit :
que voulez-vous? Les usuriers, si intrépides qu'on
les fasse, n'aiment ni l'amende, ni la prison, ni
l'exclusion des listes électorales et du jury, ni la
réprobation publique qui les exclut de partout.

Mais, au contraire, si les espérances qu'on leur
a prématurément données venaient à se réaliser,
on verrait bientôt nos statistiques reprendre leur
chiffre le plus élevé. Que disons-nous ? Il n'y
aurait plus de place dans les comptes annuels de
la justice criminelle pour ce délit; sa colonne
resterait vide; il aurait disparu comme délit pour
reparaître et se multiplier, comme fait très-licite
sous l'égide et la protection de cette loi d'oubli et
de pardon que vous leur annoncez (1).

(1) D'après nos anciennes ordonnances les officiers du ministère
public qui ne poursuivaient pas rigoureusement *le crime d'usure*
étaient dépossédés de leurs charges. Les notaires qui retenaient des
actes usuraires étaient destitués. Ni les uns ni les autres n'ont
plus besoin aujourd'hui de ces menaces pour remplir dignement leurs
devoirs.

XX.

On cherche bien à nous rassurer sur ses effets, en disant que la fraude et la violence seront toujours punies ; que l'emprunteur, fils de famille ou autre pourra exciper des articles 1109 et suivants du Code Napoléon et de l'art. 406 du Code pénal pour faire annuler l'acte par défaut du consentement valable ou comme entaché d'escroquerie ou d'abus de confiance.

Vraiment ? quelle immense concession ? Vous ne voulez donc pas abroger une plus grande partie de nos lois civiles et pénales ? la liberté de l'usure vous suffit ? vous ne réclamez pas celle du *vol* et de *l'escroquerie* ? que d'actions de grâces la société doit vous rendre !

Mais pour devenir un acte immoral et coupable, l'usure n'a pas besoin de cet accompagnement ; elle se suffit à elle-même.

Les législateurs de toutes les époques ont présupposé justement que si dans l'usure il n'y avait pas à proprement parler la *violence* qui annule le consentement ou *l'abus de confiance* caractérisée par la loi, il y avait au moins abus d'influence et de position, pression morale exercée par celui qui possède le capital sur celui qui en a besoin ; on peut répéter aujourd'hui plus que jamais ce qu'on disait autrefois : ce n'est pas la misère qui dicté les conditions du contrat, elle ne peut avoir de volonté : *egestas excludit voluntatem.*

On nous accusera peut-être d'avoir mal compris cet argument des économistes, car ils l'ont récemment expliqué ou pour mieux dire atténué en ce sens qu'il ne doit pas conduire à l'impunité de l'usure ; ils répètent qu'ils ne désirent pas plus que nous cette impunité et ils aiment à rappeler le mot d'un de leurs anciens maîtres enlevé trop tôt à la science : « Le capitaliste qui spécule sur la détresse temporaire de l'emprunteur, dit M. *Léon Faucher*, est un *misérable* ! » Nous sommes parfaitement d'accord sur ce point.

Mais comment donc l'atteindre ce misérable ? « Ce ne doit pas être, continuent-ils, par un *maximum*, par un chiffre mécanique, arbitraire, aveugle, car il peut souvent se justifier par les circonstances. Eh bien ! que les circonstances soient soumises au juge toutes les fois que l'intérêt paraîtra excessif ; ce sera un premier indice *d'abus* ; une *suspicion* contre le prêteur dont on examinera alors plus attentivement la position et la moralité comparées à celles de l'emprunteur. »

Quel dédale de procès ! quelles complications ! quelles recherches laborieuses ! quelles chances d'erreur ! les abus apparaîtraient bien vite plus nombreux et plus graves que celui d'un chiffre. Vous voulez que ce chiffre ne soit qu'une *présomption* à compléter : mais c'est une preuve complète qui doit en sortir. Le délit sera établi par cela seul que l'intérêt dépasse le chiffre fixé.

C'est donc vous qui proposez de rendre ce chiffre *arbitraire* en le soumettant à l'examen de circonstances extérieures si diversement appréciables.

Vous pourriez adresser le même reproche de mécanisme et d'inflexibilité à tous les chiffres écrits dans nos lois, aux prescriptions, aux déchéances, aux compétences, aux lésions, aux termes et délais de toute espèce fixés par nos codes. Ici comme ailleurs il faut une règle certaine, simple, invariable. Qu'elle soit élargie si elle est trop restreinte ; mais qu'on ne la livre pas dans chaque espèce particulière aux hasards de l'interprétation.

Au reste, ce système *préventif*, cette combinaison *mixte*, nouvellement imaginés ne semblent-ils pas un aveu de l'impuissance et des dangers de la liberté illimitée ?

XXI.

C'est surtout dans nos campagnes que ces dangers se réaliseraient plus sûrement, plus douloureusement : Ah ! si les notabilités de Paris et des grandes villes, si les hommes de la haute finance, du commerce, de la banque, de la bourse, voulaient quitter un instant leurs comptoirs, leur bureau, leur cabinet, leur parquet, s'ils voulaient oublier cette atmosphère fiévreuse où se traitent par millions, à chaque jour et à chaque heure, des opérations multipliées soumises à tant d'éventualités, de mouvements et de secousses ; si impressionables aux causes extérieures, aux bruits du jour, vrais où faux, aux nouvelles politiques inventées ou exagérées ; s'ils voulaient, en un mot, comparer leur grand marché financier avec notre marché territorial, avec nos transactions foncières habituellement si calmes, si lentes, si uniformes et presque monotones, quelle dissemblance ils remarqueraient entre *ces deux places*, surtout en ce qui touche l'intérêt de l'argent ! la question ne serait plus la même à leurs yeux, il ne la reconnaîtraient pas ; peut-être seraient-ils convertis par cette seule comparaison, car ils sont de bonne foi comme nous.

Mais s'ils ne peuvent ou ne veulent s'éloigner pour venir étudier sur place les faits et la pratique journalières de nos cantons ruraux, ils écouteront du moins, ce qui s'y passe ordinairement, constamment. Les notaires de province l'ont déjà raconté au conseil d'Etat, ainsi que nous l'apprend le gouvernement lui-même ; essayons après eux, d'en donner une idée.

Ne prenons notre type ni trop haut ni trop bas ; restons dans les situations ordinaires.

Voici une famille de paysans qui possède une propriété valant trente mille francs environ : le père, la mère, les enfants travaillent ce bien, chacun suivant ses forces ; ils sont honnêtes, économes et sobres ; ils jouissent d'une aisance relative.

Eh bien ! si l'usure entre dans cette maison, la maison est perdue ; c'est une chose inévitable, infaillible, et qui n'admet, ni raisonnement, ni exception ; on peut bien se débattre quelques temps, mais il faut succomber. L'insecte rongeur, le *thermite*, dont on a tant parlé, même au Corps législatif, le voilà. C'est la vivante image de l'usure. (1)

Et combien d'occasions ne lui sont-elles pas offertes de se glisser sous ce toit modeste et tranquille ? Une fille à marier, un fils à racheter du service, des bâtiments et des terres à réparer, des bestiaux et un mobilier aratoire à remplacer, une mauvaise récolte à subir, (et elles sont fréquentes dans nos pays vinicoles où l'oïdium semble enraciné) une longue maladie, un accident quelconque, et qui sait, un ou deux arpents de terre à acquérir pour arrondir l'enclos ou éviter un mauvais voisin, voilà des causes naturelles, fréquentes, inévitables, légitimes qui obligent le propriétaire le mieux avisé, le plus labo-

---

(1) Les anciens la représentaient aussi sous l'emblème de ce redoutable insecte ; ils lui avaient donné plusieurs noms ; ce vermisseau, disaient-ils, est doux au toucher mais il a les dents si dures qu'il ronge le bois le plus fort comme l'usurier ronge un patrimoine..... *Ad tactum lenis paret, sed dentes habet tam durissimas quod lignum rodit et devorat ; ità est usura ut vermis patrimonium rodens* (Denizart, *verbo usure*, no 20.)

rieux, le plus économe, à faire un emprunt : s'il tombe entre les mains d'un usurier, nous ne saurions trop le redire, c'en est fait de lui et des siens : et comment voulez-vous qu'ils résistent ? Leur domaine, déduction faite des impôts de toute espèce, est loin de leur donner 5 p. % même dans les bonnes années. (1)

S'ils ont à payer un plus fort intérêt, il devra être pris sur le *strict nécessaire de la vie* ; il faut demander terme, ou procéder par renouvellement (et ils sont chers les *renouvellements* avec les usuriers). En reconnaissance du terme qu'ils accordent, quand ils l'accordent, il faut non-seulement capitaliser les intérêts, mais encore les élever un peu ; le créancier devient plus exigeant à mesure que le débiteur est plus embarrassé ; si on lui refuse le délai qu'il implore, il doit essayer un autre emprunt afin d'éviter les exécutions qui le menacent.

Ainsi, de terme en terme et d'emprunt en emprunt, il arrive fatalement jusqu'à l'*expropriation ;* c'est le dernier acte, le dénouement obligé de ce drame qu'on appelle le *prêt à usure dans les campagnes.*

Il est quelques fois plus rapide et plus violent.

(1) La jurisprudence, celle des tribunaux du midi notamment, ne fixe le chiffre de la restitution des fruits qu'à 3 p. % environ, et cette fixation est rarement avantageuse au détenteur de l'immeuble.

Au lieu de l'expropriation c'est l'*emprisonnement*.

La lettre de change du cultivateur a été inventée par les usuriers : c'est un instrument si commode pour eux, si terrible pour leur débiteur !

D'abord, il cache parfaitement le taux de l'intérêt ; on n'a pas besoin d'en parler, on le réunit simplement au capital dont il paraît faire partie. C'est comme si la somme entière avait été comptée. On dirait un contrat de bienfaisance, un prêt d'amitié.

Ensuite, le créancier peut céder, endosser son titre réellement ou fictivement. Il croit échapper ainsi à l'odieux des poursuites rigoureuses faites au nom d'un tiers.

Enfin, avec cette arme de la contrainte, le créancier est plus maître du débiteur. Il est à lui corps et biens.

Voyez-vous d'ici, la mère et les enfants quand l'huissier et les recors conduisent en prison l'honnête et malheureux père de famille coupable d'avoir emprunté pour les nourrir !

Détournons nos regards de ces scènes affligeantes, on nous accuserait peut-être de vouloir faire *du sentiment* et la savante école ne l'aime pas ; c'est une justice à lui rendre.

Reconnaissons nous-mêmes que ces exemples de contrainte et d'emprisonnement deviennent tous les jours plus rares dans nos campagnes, grâce à la sagesse des tribunaux, qui ne peuvent voir dans la signature péniblement tracée du laboureur le véritable contrat de change de place en place, ni les autres conditions de la loi commerciale.

Restons ainsi dans la pratique la plus normale de l'usure, le champ est assez vaste.

On n'a pas oublié le rapport de 1807 de M. le conseiller d'état *Jaubert*, ni les maux et les désastres qu'il signala si énergiquement.

On n'a pas oublié davantage qu'ils furent retracés presque dans les mêmes termes et à un demi siècle d'intervalle, dans les rapports et la discussion de la loi du 19 décembre 1850.

Un honorable député du Haut-Rhin dévoila aussi sans ménagement les infâmes manœuvres de l'usure.

« Elle se pratique, dit-il, sur l'échelle la plus variée et la plus étendue. J'ai pu constater des faits *tellement énormes* que vous aussi bien que moi en eussiez été stupéfaits, à la vue de ce qu'il a fallu d'*intelligence*, d'*imagination*, de *mauvaise foi* pour les produire ; de ruse et de *patience* pour les mener à fin..... *J'ai vu des fortunes scandaleuses s'élever en peu de temps sur les ruines de centaines de famille, etc.* »

Plusieurs autres honorables Députés vinrent apporter le même témoignage et démontrer ainsi par des faits supérieurs aux raisonnements, la nécessité de la loi de 1850 qui fut votée, ainsi qu'on l'a vu, après la discussion la plus approfondie (1).

Si, de 1807 à 1850, la question semble avoir subi quelques modifications en ce qui touche l'intérêt commercial, c'est que, dans ce long intervalle, le commerce intérieur et extérieur a pris de telles proportions que des règles nouvelles sont peut-être nécessaires. Mais rien de pareil pour les transactions civiles : elles sont toujours les mêmes : les changements qu'elles peuvent avoir éprouvés ont, au contraire, fait sentir le besoin de les protéger plus efficacement contre les dangers qui les menacent aujourd'hui comme alors, plus qu'alors sans doute puisqu'on a cru devoir aggraver les pénalités trop douces de la première loi.

S'il était nécessaire de justifier cette aggravation, après la discussion de 1850, nous pourrions, à l'exemple du Député du Haut-Rhin, rappeler aussi quelques faits analogues dont, comme lui, nous avons été les témoins. Veut-on nous permettre d'en citer un seul? Nous ne discutons pas; nous déposons; nous sommes dans une enquête.

(1) Le témoignage des Conseils généraux dut être pris aussi en grande considération. Ils avaient été consultés en 1845 sur les effets de la loi de 1807; ils furent unanimes pour signaler et déplorer les maux de l'usure. Leurs délibérations sont aux archives du Conseil supérieur de l'agriculture et du commerce. Il les consultera, sans doute, comme un élément essentiel de l'enquête dont il est chargé; peut-être voudra-t-il aussi s'éclairer de l'opinion des Conseils généraux actuels, si compétents, comme les anciens sur une question de cette nature.

Un jeune valet de ferme se mit à faire l'usure avec les premiers gages qu'il toucha ; il avait l'instinct de la chose ; il la conduisit avec tant d'audace et d'habileté qu'en peu d'années, il posséda un capital assez élevé. Il finit par prêter à son maître qui faisait des dettes, en sa qualité de propriétaire rural. Le valet prêteur eut bientôt la conscience de sa position nouvelle ; il devint insoumis et presque hautain. Le maître le menaça de le chasser de sa maison ;

« *C'est à vous d'en sortir* »

lui répondit-il avec le *Tartuffe* de Molière, et il sortit en effet par suite d'une expropriation. Ce ne fut pas tout : le maître ruiné fut obligé *pour vivre* d'entrer au service du valet enrichi. La misère, cette fois encore, fit taire la dignité. Ce doit être un des plus grands supplices de ce monde !

L'usure fait bien d'autres métamorphoses sans compter celle du mendiant qui, colloquant ses aumônes, devint bientôt capitaliste ; ce qui ne l'empêcha pas de mendier encore, cumulant ainsi deux métiers, deux industries, bien dignes, en effet, l'une de l'autre.

Quelquefois aussi on rencontre, soit dans les villes, soit dans les campagnes, des femmes qui font l'usure ; elles y deviennent aussi habiles et aussi âpres que les hommes ; seulement elles inspirent une plus vive répulsion ; telle à peu près

qu'on l'éprouve à la vue d'une femme avinée ;
c'est le même dégoût ;—un fait pénible à rappeler,
mais c'est de l'histoire : la femme d'un magistrat
fut poursuivie et condamnée comme usurière par
le Parlement de Paris, au bannissement, à l'amende
honorable avec écriteau, etc.

Un auteur parait s'étonner que la naissance de
cette noble dame et la dignité dont son mari était
revêtu ne l'ait point préservée de telles rigueurs ;
mais ce n'étaient pas là assurément des circonstances atténuantes. La justice devait frapper fort. Elle
n'y manqua pas ; trop fort peut-être.

Si nous voulions bien chercher dans nos souvenirs et dans nos annales, nous trouverions peut-
être quelque autre dame de nos jours condamnée
aussi pour fait d'usure, non au bannissement,
non à l'amende *honorable*, mais à l'autre amende
qui, bien que soulagée de cette épithète équivoque, emporte la même flétrissure (1).

(1) Une femme avait fait l'usure conjointement avec son mari. Ils
étaient communs en biens. Les prêts avaient eu lieu au nom de l'un
et de l'autre. La cour de Rennes les condamna solidairement à une
seule amende ; mais son arrêt fut cassé pour ne les avoir pas condamnés à *deux amendes*, chacun la sienne (Sirey, 1858, 1-829).
Cet arrêt fut rendu au rapport de notre regrettable compatriote,
collègue et ami, M. le baron de *Crouseilles*.

Une veuve continue souvent l'industrie du défunt sans doute pour
mieux honorer sa mémoire. Madame *La Ressource* était veuve et
les traits piquants de la comédie de *Regnard* se reproduisent souvent dans le monde :

« . . . . nous aimons à changer de la sorte
 Plus notre argent fatigue et plus il nous rapporte ».

Nos adversaires ont fait eux-mêmes leurs hypo-
thèses et cité d'autres exemples ; nous les accep-
tons, car ils font mieux comprendre leur pensée
et la nôtre.

Ainsi, un père voit périr l'honneur de sa fille,
ou de son fils, ou le sien, s'il ne compte une certaine somme à jour fixe. Un ami ne peut sauver son
ami qu'aux mêmes conditions. Ne sera-t-il point
permis, dit-on, à celui qui fournit cette somme si
nécessaire, si désirée, de stipuler un intérêt élevé,
en échange du service considérable qu'il va rendre?

Ah! dans ces cas extrêmes, dans ces positions
fatales, nous comprenons l'emprunteur, nous le
plaignons, nous l'honorons. Mais nous ne comprenons pas le prêteur, nous ne l'honorons pas surtout, car il a lâchement spéculé sur ce que le cœur
humain a de plus intime et de plus sacré. Il a
rendu un service, dites-vous ; il n'a vu que le service qu'il se rendait à lui-même en exploitant cette
infortune ; sans cela, croyez-le bien, il n'aurait
point prêté ; c'est un infâme usurier ; c'est un
misérable, selon la juste expression de l'un de vous.
Ici encore la circonstance atténuante qu'on plaide
pour lui ne fait que le rendre plus coupable et
plus odieux.

Et à ce propos, un de nos plus savants adversaires, professeur distingué d'économie politique,
se prévaut d'une autre hypothèse que nous n'aurions jamais osé faire nous-même.

« L'usurier, dit-il, agit en partie comme un homme qui, avant d'en sauver un autre qui *se noierait* lui ferait promettre une *grosse somme*, mais les lois du *maximum*, ajoute l'auteur, ne peuvent empêcher ces inconvénients, l'expérience nous l'apprend. » (1)

Mais ces lois du *maximum*, que vous appelez ainsi pour réveiller contr'elles les tristes souvenirs d'une époque à laquelle vous avez emprunté votre maxime fondamentale; ces lois, disons-nous, permettent et facilitent, comme nous venons de le voir, la recherche et la punition de ces *inconvénients*, qui dans votre système ne rencontreraient ni obstacle, ni répression.

Si le cas que vous supposez se réalisait, si un homme en laissait périr un autre parce qu'ils n'auraient pas été d'accord sur la rançon, sur le prix *du service*, croyez bien que si votre école absolvait cet homme, ce que nous refusons de croire, il trouverait dans la nôtre le mépris, la honte et la juste punition qu'il aurait encourue.

Vous avez, au reste, parfaitement caractérisé, par cet exemple, le *marché* qui se fait entre la cupidité et la détresse. C'est toujours l'homme qui *se noie* et qui appelle au secours : si l'usurier l'entend il ira volontiers marchander son salut et si

____

(1) Traité d'Économie politique de M. *Joseph Garnier*, professeur d'Economie politique à l'école des Ponts et Chaussées, etc., p. 543.

satisfait du chiffre promis il consent à le secourir momentanément, ce sera, n'en doutez point, pour lui creuser un abîme plus profond dont il ne pourra plus sortir. Nous punissons tout cela. Vous l'encouragez, au contraire, à votre insçu sans doute et contre vos intentions ; mais ce n'en est pas moins la conséquence inévitable de la doctrine que vous professez.

Vous indiquez, il est vrai, un moyen très-simple d'éviter les embarras et les suites d'un emprunt ; c'est de ne pas emprunter.

Copions textuellement :

« La plupart des propriétaires en France empruntent à 5, à 6 et même au-dessus pour améliorer des terres qui leur rapportent 4 et même 3 et 2. *Ce n'est pas la faute du capitaliste usurier* si l'entrepreneur qui loue son instrument ne sait pas se rendre compte des ressources de son industrie ; s'il dépense tout ou partie de la somme empruntée d'une manière improductive, *ou s'il veut, à tout prix, rester propriétaire.* » (1)

Et que voulez-vous qu'il devienne ? Que voulez-vous qu'il fasse ? Son industrie, sa profession est de cultiver la terre. Il n'en a point, il ne peut pas en avoir d'autre. Il est, comme on dit, attaché à la glèbe ; que de liens l'y retiennent en effet ! indépendamment de l'intérêt d'affection et d'habi-

______

(1) V. le même traité, p. 541.

tude qui le fixe aux lieux où il est né, il y trouve d'autres avantages matériels, d'autres compensations ; son logement et celui de sa famille, le salaire de son travail personnel et de celui de ses enfants s'ils peuvent travailler, quelques ressources enfin qui lui manqueraient ailleurs. Pardonnez-lui donc s'il ne veut pas abandonner le toit de ses pères, s'il veut le conserver au prix de quelques sacrifices et d'un ingrat labeur ; ne réservez pas toute votre indulgence pour *le capitaliste usurier* qui veut l'en chasser ; ne soyez pas si empressé de justifier la faute de celui-ci pour la rejetter entière sur l'autre.

On voit que ce singulier encouragement donné à la morale et à la famille en renferme un autre tout aussi efficace pour l'agriculture.

Sans doute et nous venons de le dire, le propriétaire qui emprunte, même au taux légal, pour améliorer sa terre ou l'entretenir, ne fait pas habituellement une bonne spéculation, mais serait-elle donc meilleure s'il empruntait à gros intérêt ?

Et puis, si les nombreux propriétaires auxquels vous faites allusion suivaient votre conseil désespéré d'abandonner leurs terres ou de les vendre à *tout prix* plutôt que d'emprunter, même au taux légal, pour les cultiver, la moitié de notre sol serait bien vite en friche ; les produits agricoles diminueraient dans les mêmes proportions et vous reconnaissez cependant cette vérité élémentaire que c'est leur abondance qui fait la prospérité du pays et qui assure le bien-être général.

Étrange aberration ! Les économistes de toutes les dates ont écrit là dessus de très-belles pages, mais il les démentent dès qu'ils touchent à notre question ; elle semble leur porter malheur, elle trouble leurs meilleures inspirations ; très-clair-voyants sur d'autres points, ils cessent de l'être ici. L'utopie revient aussitôt avec ses mirages, avec ses déductions impossibles, avec ses com-paraisons boiteuses.

Ils se disent les amis, les protecteurs de la propriété foncière et ils veulent la sacrifier au *capital* : ils proclament sa souveraineté ; ils justi-fient son despotisme ; ils le vengent de l'épithète qu'il reçut en 1848 bien que, d'après leur sys-tème, il la méritât davantage. Une ère nouvelle s'ouvrirait pour lui. Son émancipation serait com-plète : la terre sa vassale, devrait subir ses exi-gences et ses caprices, ils n'auraient plus de frein. Ce n'est pas, comme on se plaît à le dire, l'*âge d'or* qui reviendrait, mais au contraire et sans jeu de mots, l'âge de l'or et de l'argent. Déjà nous y sommes un peu : nous y tomberions tout-à-fait ; et cette chute morale pourrait bien en faire craindre d'autres. L'histoire est toujours là pour nous avertir : respectons ses enseignements.

XXII.

Le même auteur avait déjà dit dans le même ouvrage que la loi de 1850 plus sévère contre l'usure que celle de 1807, n'avait été votée que *dans des vues politiques et pour satisfaire l'opinion des campagnes.* (1)

N'est-ce donc rien que de satisfaire les campagnes ?

Tous les jours, vous répétez qu'elles ont fait l'empire et qu'elles le raffermissent par l'usage intelligent et libre du suffrage universel.

Voulez-vous les en punir ?

Tous vos écrits, tous vos discours, tous vos journaux n'ont pas asssez d'éloges pour *l'esprit de conservation* qui anime les populations agricoles et qui leur fait si sainement apprécier *leur intérêt et l'intérêt de l'état.* (2)

Faut-il donc les sacrifier aux villes même sur la question actuelle qui les touche de plus près ? Les villes sont-elles, selon vous, plus dévouées que les campagnes ?

Celles-ci croient donner une preuve nouvelle de leur dévouement et de leur sagesse en suppliant le gouvernement de ne pas écouter les

(1) A la note, p. 541.

(2) Voir notamment les discours reproduits par le *Moniteur* du 30 mars 1862.

conseils de la jeune science et de leur préférer les considérations, les vues de haute et bonne *politique* qui ont déterminé les votes législatifs de toutes les époques non-seulement en faveur des campagnes, mais en faveur de tout le monde, c'est-à-dire, en faveur des règles invariables de la justice et de la morale.

Au reste, cet aveu échappé à la conscience d'un de nos plus honorables adversaires est précieux à recueillir. Il devrait être écrit en gros caractères dans l'enquête du Conseil d'Etat. Nul témoignage ne saurait être plus important et plus significatif ; en homme de palais nous en *demandons acte*.

Singulier rapprochement ! cette loi du premier Empire, si bien accueillie par l'opinion publique, respectée par la Restauration , par le Gouvernement de juillet, par ceux de 1848 et de 1852, on demande au second Empire de la renverser ? OEuvre de Napoléon Ier, c'est Napoléon III qu'on attendait pour l'effacer de nos codes et de nos mœurs ; pour contrister au lieu de les satisfaire ces campagnes qui l'ont acclamé !

Elles sont assurément très-reconnaissantes de ce que le gouvernement fait pour elles et surtout des encouragements donnés à l'agriculture ; mais si elles devaient opter elles n'hésiteraient pas à lui dire : « reprenez vos comices, vos concours, vos médailles ; mais laissez-nous les lois qui nous garantissent un bienfait sans lequel tous les autres deviendraient illusoires; et c'est précisément quand nous jouissons le mieux de ce bienfait; c'est-à-dire, quand l'usure s'est calmée, *grâces aux lois répressives* qu'on veut la raviver en détruisant ces lois. »

XXIII.

Mais s'il est vrai qu'elles aient contenu les excès de l'usure, et qu'elles aient ainsi favorisé l'agriculture, il reste encore à celle-ci d'autres dangers à éviter, d'autres obstacles à vaincre. Ils font ressortir mieux encore l'inoportunité des mesures réclamées contre elle.

Le salaire des ouvriers a considérablement augmenté non-seulement dans les villes, mais encore dans les travaux des champs ; on ne doit peut-être pas le regretter, mais, il est certain que la position du propriétaire rural n'en est pas améliorée.

Une des causes de cette élévation du prix de la main-d'œuvre est dans la rareté des ouvriers. L'émigration fait des vides considérables dans plusieurs départements, et le nôtre (celui des Basses-Pyrénées) est inscrit le premier dans le tableau publié par le *Moniteur* du 4 décembre 1864. Il dépasse à lui seul le chiffre réuni de plusieurs autres départements. L'usure n'est pas étrangère à l'expatriation de ces familles ruinées.

Et ce n'est pas seulement *Montevidéo* et les autres pays d'outre-mer qui nous enlèvent nos ouvriers et nos domestiques; ils émigrent aussi à
l'intérieur, vers les grandes villes, séduits par
l'espoir souvent déçu, de gages supérieurs et d'un
travail moins pénible que celui de la terre.

Elle a bien à subir une autre émigration dont
on ose à peine parler, bien qu'elle devienne tous
les jours plus fréquente.

Un cultivateur un peu aisé veut absolument
faire de son fils autre chose qu'un cultivateur.
Il semble rougir pour lui de la profession qu'il
a honorée. Il l'envoie chercher dans les Colléges
une instruction qu'il croit supérieure; elle l'est
peut-être, mais enfin on n'est pas toujours apte
à la recevoir, à la compléter; il y a des voca-
tions trompeuses, et ici l'erreur de la vanité en-
traîne des mécomptes fâcheux et de pénibles dis-
cordances! Il n'est pas sans exemple qu'un de
ces apprentis-savants, de retour ou de passage
au modeste foyer, se soit permis de railler sotte-
ment et ingratement les manières incultes et le langage peu grammairien de son père : de tels bache-
liers, si tant est qu'ils le deviennent, doivent réus-
sir médiocrement dans les carrières libérales qui
exigent, avant tout, un cœur et un esprit droits.
Éloignés par une ambition mal comprise et trop
souvent avortée, de leur profession paternelle,
ces jeunes gens vont grossir la phalange déjà trop

nombreuse de ceux qui se disent *déclassés et incompris*. Ils le sont, en effet, et ce n'est pas un des moindres inconvénients de la société moderne.

Ceci ne veut pas dire assurément que les hautes études ne doivent être accessibles à tous et qu'il ne soit désirable de les voir *essayer*, par un grand nombre ; mais, en vérité, à une époque où l'on se préoccupe si vivement et à si bon droit des *progrès de l'agriculture*, il est bien permis de s'affliger de la voir si facilement désertée par ceux-là mêmes qui pourraient le mieux réaliser ces progrès. Ce n'en serait pas un, encore une fois que de la livrer sans merci au fléau de l'usure ; c'est tout ce que nous voulions dire ; c'est tout ce que nous désirons prouver (1).

(1) Il est bien entendu que nos observations sur les *hautes études* ne s'appliquent pas à l'*instruction primaire* : Celle-ci ne saurait être trop encouragée, dans l'intérêt même de l'agriculture. Est-ce à dire néanmoins qu'elle doive être *obligatoire* ? Cette question n'est pas de ce lieu ; elle a été posée ailleurs et nous devons attendre respectueusement sa solution législative. Qu'on nous permette seulement de relever dans l'intéressant rapport de M. le Ministre de l'instruction publique le passage suivant : « En 1571 les Etats généraux de Navarre, sur la proposition de la reine *Jeanne d'Albret*, rendirent *la première instruction obligatoire*. » Ce document nous était inconnu, nous l'avons vainement cherché dans les annales et les archives du Béarn ; mais nous le tenons pour certain dès qu'il est invoqué par le savant ministre à l'appui de son opinion personnelle.

Nous pensons toutefois que cette décision provoquée par *Jeanne d'Albret*, mère d'Henri IV, ne dut pas être très-rigoureusement exécutée, car à cette époque de 1571 et même un ou deux siècles après c'était une rare exception, dans nos campagnes, que de savoir lire et écrire. Tous les gentils-hommes ne savaient pas. Il nous en coû-

XXIV.

Mal à leur aise sur ce terrain de l'agriculture
où nous avons essayé de les retenir quelques ins-
tants nos adversaires nous ramènent brusquement
à la Bourse, à la Banque, aux affaires industrielles ; c'est leur milieu de prédilection.

« Les actions et obligations de chemin de fer et
autres grandes entreprises, rapportent, disent-ils,
bien au-delà de 5 et 6 p. °/₀. Les propriétaires de
ces valeurs ne se font nul scrupule de recevoir

terait aussi de penser que chez ce peuple pasteur qui pour toute
armoirie avait pris une *vache*, on eût puni les parents qui au lieu
d'envoyer leurs enfants à l'école, quand il y en avait, les auraient
employés à garder les troupeaux de la maison, principale ressource
de ce pays pauvre et cependant si fier de ses franchises. Il les eût
cru menacées par cette loi de contrainte. Il aurait préféré dans sa
foi religieuse, qu'on l'eût appliquée à ceux qui n'auraient pas envoyé
leurs enfants à l'église pour les préparer aux premiers actes religieux. Qui sait, au reste, si ce n'était pas le vrai sens du document
invoqué ? Il parle, en effet, de la *première instruction* et ces mots
pouvaient bien s'appliquer alors comme aujourd'hui, plus qu'aujour-
d'hui peut-être, à *l'instruction religieuse* qui est bien la *première*
de toutes. C'est aussi dans ce sens qu'il faut entendre les déclarations
de 1695 et de 1724 citées dans le même rapport. On ne songe pas
à contraindre et à punir ceux qui négligeraient d'envoyer leurs enfants
au catéchisme et on a parfaitement raison. Ils sont justiciables d'un
autre tribunal. Ici la persuasion et les bons exemples doivent seuls
éclairer et conduire les premiers pas de l'enfance. La loi peut s'en
remettre, sans inquiétude, à la tendresse des mères de famille et
au zèle éclairé des ministres de la religion. Mais quant à l'instruction
primaire *obligatoire* qu'on propose aujourd'hui, comme un *Progrès*,
nous craignons bien que le Béarn ne doive renoncer à la part de
gloire qu'on veut lui faire dans cette question.

cet intérêt extra légal ; comment ne serait-il point
permis de le stipuler dans les transactions ordinaires ? »

Par la raison très-simple et déjà indiquée que
toutes ces entreprises sont loin de présenter le
caractère des transactions ordinaires, qu'elles par-
ticipent plutôt de la nature des sociétés commerciales et industrielles, dont elles ont à subir
toutes les chances ; et ces chances qui ne les
connaît ? Est-il besoin de rappeller les sinistres qui
ont frappé les compagnies, en apparence les
mieux affermies et dont le capital et les intérêts
ont entièrement disparu, ou sont gravement compromis ? Qui nous assure que des mécomptes pa-
reils n'éclateront point dans d'autres entreprises et
que les actionnaires, c'est-à-dire les *associés*, n'auront pas à subir aussi des pertes inattendues ?

On a parlé encore des prêts faits par les Monts-
de-Piété, des emprunts des établissements publics
et du Gouvernement lui-même, prêts et emprunts
qui ont souvent dépassé le taux légal de l'intérêt.

D'abord quant aux Monts-de-Piété, ils datent
d'une époque où l'usure était considérée et punie
comme un *crime*; on ne voulait pas certainement
l'encourager, comme aujourd'hui. Ces établissements furent créés, il y a plusieurs siècles, dans
les grandes villes où pullulent tant de misères,
qui sans les secours de la charité, trouveraient rarement à emprunter autrement que sur gages,

quelle que fût la législation du pays. Aussi de nombreux établissements de bienfaisance sont-ils venus se placer à côté de ceux-là. On peut ranger dans ce nombre, les *prêts de l'enfance au travail*, société nouvellement formée, sous un auguste patronage, en faveur des ouvriers sans ressources des villes et des campagnes et dont l'objet principal est précisément de les soustraire aux prêts sur gages et à ceux de *la petite semaine*, les plus onéreux de tous.

Quant aux emprunts publics faits par le gouvernement, les villes et autres communautés, il en est quelques-uns, sans doute, qui, à raison de certaines circonstances, ont dépassé le taux légal; mais la majeure partie de ces emprunts, le *Moniteur* en fait foi, a été faite à ce taux et même à un taux inférieur; remarquons d'ailleurs que les uns et les autres ont été autorisés par des lois spéciales, nouvel hommage au droit commun qui conservait toute sa force à côté de ces rares exceptions.

Il en est une autre que l'histoire contemporaine a conservée et dont nos adversaires veulent aussi se prévaloir : En 1814, à l'époque de l'invasion étrangère, deux décrets des 15 et 18 janvier de cette année suspendirent pendant un an l'exécution de la loi de 1807; mais elle reprit son cours à l'expiration de ce terme.

Nous sommes heureusement bien loin de ce

danger et d'autres semblables; mais, si ce qu'à
Dieu ne plaise ! un grand malheur devait encore
accabler notre Pays, la sagesse du législateur saurait bien aviser encore aux nécessités du moment.
Alors comme alors selon l'adage vulgaire. Nos adversaires sont, en vérité, trop prévoyants; c'est
dans les calamités publiques qu'ils vont retremper
leurs arguments; ils raisonnent en prophètes de
malheur : en temps de calme et de prospérité ils
voudraient faire des lois pour les éventualités les
plus tristes et les plus improbables; mais encore une
fois si elles se réalisaient, vous seriez à temps de
suivre l'exemple déjà donné et de modifier aussi
la législation. Elle n'est pas immuable; l'essentiel est
de l'approprier aux lieux et au temps où l'on vit.

L'*Algérie*, devenue française, a aussi son exception : la loi de 1807 n'avait jamais été publiée
dans cette colonie. Une ordonnance royale du 18
décembre 1835 s'inspirant des mœurs du pays,
maintint la liberté de l'intérêt conventionnel, mais
à défaut de convention il fut fixé à 10 % tant
en matière civile qu'en matière commerciale. Ce
fut le gouvernement provisoire de 1848 qui
par un arrêté du 24 novembre de cette année
défendit de stipuler un intérêt au-delà de 10 % ;
ainsi ce furent des circonstances et des localités
exceptionnelles qui dictèrent ces mesures; et loin
de porter atteinte aux principes de 1807, elles
ne firent que les confirmer une fois de plus.

XXV.

Faut-il revenir encore sur cet argument sans cesse reproduit et que nos adversaires placent en tête, au milieu et à la fin de toutes leurs dissertations? à savoir, qu'en abrogeant les lois qui punissent l'usure on la détruit radicalement parce qu'alors les honnêtes gens débarrassés de cette entrave et encouragés par le législateur lui-même n'auront plus de scrupule pour prêter à gros intérêts et qu'ainsi s'établirait un juste équilibre entre l'offre et la demande, une concurrence dont l'agriculture serait la première à profiter, puisque l'intérêt finirait par s'abaisser même au-dessous du taux actuel.

Nous croyons avoir déjà détruit cette étrange illusion : mais comme elle en a produit tant d'autres, quelques mots encore.

Les honnêtes gens ! dites-vous sans cesse : entendons-nous bien, s'il vous plaît ; croyez-vous donc qu'ils ne soient retenus que par les lois pénales et qu'ils ne trouvent pas dans leur conscience un code plus sévère que tous vos codes? Ils ne profiteront pas, eux, soyez-en bien certains, du droit de mal faire que vous leur offrez ; il ne sera exploité, ce droit, que par ceux qui en ont déjà l'instinct et la pratique.

Il pourrait bien l'être aussi par des hommes

faibles et indécis qui trouveraient dans la loi un soulagement à leurs remords, une excuse, un prétexte pour fausser la ligne du devoir suivie jusque là. Pourquoi donc tenter ces faiblesses et ces fragilités? Pourquoi faire un appel à l'égoïsme et à l'intérêt personnel au lieu d'en réprimer les écarts?

Tel qui n'aurait jamais failli, faillira peut-être quand on lui dira que sa faute n'en est pas une; quand cette assurance lui sera donnée par la plus imposante des autorités, celle de la loi. C'est à notre sens, le côté le plus mauvais, le plus dangereux de celle que vous proposez.

Ne vous étonnez donc pas si elle a soulevé contre elle non seulement la réprobation des campagnes, mais celle de toute notre génération comme des précédentes. Il est des vérités innées qui se refusent à toute discussion; ne cherchez pas à les déraciner du cœur humain : vous y perdriez vos peines; il est plus facile de changer les lois que les mœurs, et quand les mœurs sont contraires aux lois, assurez-vous bien que celles-ci ne durent pas longtemps.

A cette vérité de l'histoire, ajoutons celle-ci déjà indiquée : le juste châtiment d'une action coupable satisfait et appaise l'opinion publique; mais elle s'exaspère par l'impunité; elle se croit alors autorisée à remplacer la justice absente et elle devient d'autant plus inexorable. Elle condamne moins le coupable que la loi qui n'a pas su ou voulu le condamner elle-même.

C'est assurément une chose bien triste, ainsi que nos adversaires le disent, de voir s'affaiblir le respect de la loi et de l'exposer à être impunément bravée. Tel n'est pas, on l'a vu, le sort de nos lois de répression grâces à la ferme vigilance des tribunaux ; mais il y aurait quelque chose de plus triste encore : ce serait de voir l'*immoralité passer dans la loi.* Celle-là ne resterait pas inexécutée. Elle en appelerait d'autres dans le même esprit. On a parlé de la solidarité du crédit public. Nous avons autant de foi dans la solidarité de tous les sentiments justes et honorables : si la loi les oubliait une seule fois son exemple serait désastreux. Il y aurait là un symptôme qui, bien que restreint et isolé, produirait bien vite ses conséquences inévitables ; c'est alors que nos lois ne mériteraient plus notre confiance et nos respects. La déconsidération d'une seule atteindrait les autres. Il y a aussi solidarité entr'elles. Préservons-les avec un soin religieux, de la tâche la plus légère. Celle qu'on veut leur imprimer nous paraît énorme. N'imitons pas les exagérations de nos adversaires, mais il nous semble, en vérité, que la loi par eux proposée en faveur de l'usure suffirait seule pour déparer et pour ternir toute une législation, si prudente et si morale qu'elle fût d'ailleurs, de même que la présence d'un usurier aurait suffi

pour *souiller la majesté de la représentation nationale*, selon la juste expression, déjà rappelée,
d'un éloquent orateur.

Oui, nous aimons à insister sur ce point : dût
votre loi demeurer stérile, inexécutée, morte; dût-
elle ne produire aucun des désastres qu'elle recèle,
elle n'en serait pas moins anthipatique à ce pays
d'honneur et de loyauté : vous dites qu'il a des
préjugés; tant mieux : Respectez-les quand ils
auront une si noble origine. Eh mon Dieu ! combien
d'économistes le partagent aussi cet honorable
préjugé! Nous venons d'entendre le cri de leur
conscience : elle ne les a pas trompés ; elle ne
trompe jamais. Ce qui les trompe et les égare,
c'est l'esprit de système, c'est l'attrait de la nou-
veauté ou de l'invention, c'est une métaphysique
abstraite, dédaigneuse des idées simples et
vraies et qui veut absolument en découvrir d'autres quelle croit plus *fortes* par cela seul quelles
sont plus inconnues, plus difficiles à comprendre
et surtout à faire accepter : c'est, comme nous
l'avons dit, une campagne contre nos mœurs et
nos lois, dirigée par des hommes dont les intentions sont pures et désintéressées et qui refuseraient,
nous en sommes certains, d'user pour leur compte
personnel de cette liberté illimitée qu'ils réclament
trop généreusement pour les autres.

Aussi, nous savons combien ce mot d'*usure*, si
souvent répeté, déplaît et importune; on le trouve

dur et presque brutal ; mais enfin nous ne l'avons
pas inventé. Vous lui substituez celui plus courtois
et plus sonore de *la liberté de l'argent* : ils sont syno-
nimes. Ils expriment la même pensée. Pourquoi ne
pas appeller les choses par leurs noms ? Pourquoi
ne pas imiter la franchise de votre publiciste *Ben-*
tham ? On a vu qu'il intitulait son livre : *défense*
de l'usure. Tous les votres méritent le même titre.
Ils n'ont pas d'autre objet. Seulement vous n'osez
pas le dire , avec la même sincérité ; vous avez
recours à des déguisements et à des artifices de
langage ; c'est que vous en sentez le besoin ;
c'est que vous craignez de montrer à découvert
votre idée spéculative avec toutes ses hardiesses ;
vous l'enveloppez à l'exemple de certains *idéologues*
des termes nébuleux d'une science incertaine et
conjecturale. Ce voile ne cache rien même aux
yeux du vulgaire : il ne l'empêche pas de lire à travers votre véritable enseigne : *liberté de l'usure*.
Eh bien, de cette liberté on n'en veut pas !

Les économistes s'en doutent bien un peu, car
ils ne se bornent pas à déguiser le mot ; ils blâ-
ment sévèrement la chose ; il n'est pas un seul de
leurs nombreux écrits, un de leurs discours , où
ils ne protestent, comme on l'a vu, de leur haine
vigoureuse contre l'usure ; on croirait quelquefois
entendre les pères de l'église ; St-*Chrisostome* ne
tonnait pas plus fort. Ne serait-ce donc qu'une
précaution oratoire de plus , un appât trompeur

pour nous faire accepter plus facilement la théorie décevante qui sous prétexte de guérir ce mal contagieux doit le propager d'une manière effrayante et certaine ?

« Nous voulons, au contraire, repètent-ils toujours, faire baisser l'intérêt même au-dessous du taux actuel. » Nous vous en rendrons grâce, car c'est le vœu général, c'est la condition première de la prospérité publique ; c'est la pensée généreuse, c'est le but unique de nos lois répressives.

Elles ne défendent pas, comme on paraît le croire, les prêts au-dessous de 5 p. 0/0. Il y en a encore beaucoup de ceux-là ; nos registres publics l'attestent.

Conseillez donc à ceux dont vous plaidez si chaleureusement la cause d'imiter cet exemple, de prêter à ce taux réduit ; ils ne vous comprendraient pas ; ils croiraient manquer à la loi. Ils l'interprètent en ce sens qu'ils ne peuvent rester eux, en *deçà du maximum* qu'elle a fixé, c'est leur minimum ; au *delà* tant qu'on voudra ; mais comme la justice pourrait s'en formaliser ils demandent, et vous demandez pour eux, qu'elle n'ait pas à s'en mêler, que la loi déclare elle-même abdiquer son droit et sa volonté en faveur du droit et de la volonté des prêteurs. Ainsi les honnêtes gens resteront dans la limite et au-dessous, et ceux qui ne le sont pas continueront à la franchir impunément ; ils ne connaîtront

plus ni frein ni gêne puisque vous avez l'attention
délicate de les en débarrasser. Voilà la seule concurrence, le seul équilibre, le seul niveau que
vous obtiendrez.

La *concurrence !* mais c'est une excellente chose :
tout le monde la désire ; elle éclaire et anime le
marché ; elle modère les prétentions réciproques ;
elle prévient les surprises, les exagérations et les
fraudes ; elle produit d'immenses avantages ; elle
est indispensable ; mais à une condition plus indispensable encore : la *publicité ;* ce sont deux
choses co-relatives : on ne comprend point l'une
dans l'autre. Or, en fait d'usure et autres actions
immorales, la concurrence est un mot vide de
sens. Ceux qui la pratiquent ne recherchent pas
la publicité ; le pauvre emprunteur ne la recherche
pas davantage ; il n'aime pas à publier sa position
embarrassée, il se débat dans l'ombre avec le
prêteur ; et dans ce duel inégal, dans cette lutte
ténébreuse on sait d'avance qui doit succomber.

Ainsi, au lieu d'une concurrence loyale et publique pour le bien, vous aurez une concurrence
mystérieuse et suspecte pour le mal ; ceux qui le
font ce mal et ceux qui le subissent sont d'accord
pour le cacher. Quelle concurrence !

Il n'y en a qu'une pour les usuriers, c'est
l'*amende* et la *prison* ; ils se joueront de toutes les
autres ; n'en cherchez pas.

N'espérez pas davantage que l'abondance des

capitaux tempère leur ardeur. Ainsi dans ce moment
la Banque de France a baissé son escompte à 3 1/2
p. %. L'exemple a été suivi par d'autres établissements publics ou privés. Mais il ne le sera point
par vos clients, surtout dans les campagnes. Ils
ne s'inquiètent guère des immenses quantités d'or
et d'argent qui nous sont venus, qui nous viennent
tous les jours de l'Australie, de la Californie, du
Mexique. Sans doute, il y a eu aussi de grandes
exportations de numéraire, nécessitées par l'achat,
à l'étranger, des matières premières qui alimentent
nos industries, exportations fécondes qu'il ne faut
pas regretter et qui se transforment en importations
nouvelles. Ils ne s'inquiètent pas davantage de savoir pourquoi le numéraire qui, sans motif appré-
ciable, s'est montré si défiant en 1864 (précisément dans l'année où les importations ont dépassé
les exportations de plusieurs millions) a retrouvé
toute sa confiance en lui-même, sa circulation ha-
bituelle, ses prix modérés. Le Gouvernement fait
étudier les causes de ces anomalies; mais il n'en
trouvera aucune dans l'action de nos industriels;
elle est plus régulière que celle du marché. Ils sont
toujours conséquents avec eux-mêmes : toujours à
la hausse. Leur industrie subit d'autant moins de
variations qu'elle s'exerce dans un rayon plus étroit,
plus éloigné du centre, plus indifférent aux crises
monétaires, et aux lois de l'offre et de la demande.
Ces offres et ces demandes (si on peut conserver

ici de telles expressions) ne se font guères que
dans l'arrondissement où résident les parties. Elles
redoutent les procédures et les exécutions dans
un arrondissement étranger. Nos cultivateurs
s'adressent moins encore aux Banques publiques
ou privées, difficilement accessibles pour eux et dont
ils ignorent souvent les conditions, le siège et
même l'existence. L'usure se concentre et se rappro-
che d'eux ; elle se met à leur portée, elle sait leurs
besoins et les exploite habilement et secrètement
comme nous venons de le dire. Les plus petites sommes produisent les plus gros intérêts ; les con-
trées les plus pauvres sont les plus ravagées.
Si le *système* prévaut, si cette industrie est encouragée au lieu d'être contenue, nous en verrons
bien vite tous les effets ; ils auront de quoi satisfaire les plus ardents économistes. Ils jouiront du
spectacle de cette *concurrence* qu'ils appellent ; ils
verront combien elle aura fait baisser le taux de
l'intérêt. Plus d'usuriers et moins d'usure, disent-
ils. Nous disons, au contraire, plus d'usure avec
plus d'usuriers. *Nous en savons qui attendent.* Ceux
qui sont en retraite reprendront de l'activité, même
ceux condamnés judiciairement ; ils n'auront plus à
craindre la peine de *la récidive* ; ils pourront même
se croire relevés de la condamnation qu'ils ont déjà
encourue. Ils demanderont peut-être leur réinté-
gration sur les listes électorales et du jury, question transitoire assez piquante et qui ferait mieux

7

ressortir, quelle que fût sa solution, la portée de
la loi qu'on veut nous faire.

Ces vétérans du prêt, réunis aux débutants que
la loi fera éclore, se mettront vaillamment à l'œuvre pour le plus grand triomphe de la liberté.....
de l'argent. Celle-là pour eux les renferme toutes.
Elle fera d'autant plus d'explosion quelle aura été
plus longtemps contenue. Ce n'est pas seulement la
loi de 1807 qu'on brûlera joyeusement au pied de
l'arbre de cette liberté nouvelle, mais aussi la loi
de 1850 qui a osé parler de *prison* contre l'usure,
mais les lois électorales et du jury qui ont chassé
ces marchands du temple, mais la loi de 1857
qui en ne faisant qu'une seule exception aux lois
précédentes, les a sanctionnées une fois de plus,
mais plusieurs textes de notre législation devenus
incompatibles avec cette téméraire innovation.

Elle sera accueillie avec transport, n'en doutez
point, par les usuriers des villes et des campagnes ;
elle sera pour eux un jour de délivrance ; qui sait
s'ils ne le fêteront point par des chants et des illu-
minations, comme les détenus de *Clichy* en appre-
nant le projet de loi qui doit les rendre libres ? Loin
de nous, au reste, la pensée de les comparer,
car plusieurs de ces derniers ont été précisément
conduits en prison par les autres. Que ces prison-
niers de l'usure soient les premiers délivrés (1) !

(1) Ce projet de loi, sur l'abolition de la contrainte par corps,
donnera lieu à d'intéressants débats. Il comportera peut-être quelques

Les économistes ordinairement si graves, selon le mot de M. Thiers, se sont pourtant beaucoup amusés, et non sans motif, de la doctrine d'*Aristote* et de ses disciples qui ne voulaient pas qu'un écu produisit le moindre intérêt parce que cet écu, semé en terre, ne produirait pas un autre écu. Ceux qui se sont le plus longuement réjouis de cette naïveté, emploient quelque fois des arguments de la même force. Ainsi, quand ils répétent, sous toutes les formes, *plongeons-nous dans l'usure pour nous en garantir*, ne rappellent-ils pas involontairement à nos bons villageois cet autre conseil ironique et familier de *se mettre sous l'eau pour éviter la pluie ?* Qu'on nous pardonne ce rapprochement très-familier, en effet, mais il nous a semblé, comme à eux, que c'était à peu-près la même recette, le

exceptions. On a beaucoup légisferé, on a beaucoup écrit aussi sur ce grave sujet; mais l'ouvrage qui restera le plus utile et le plus remarquable est, à notre sens, celui que M. *Bayle-Mouillard*, naguères Conseiller à la Cour de cassation et aujourd'hui Conseiller d'état, publia en 1836 après avoir été couronné par l'Institut. Le temps n'a rien enlevé à ce livre; il semble, au contraire, lui avoir donné plus de force et d'autorité. C'est qu'il reproduit avec un rare talent d'observation et de style des vérités qui sont dans toutes les consciences. La sienne en fut impressionnée de bonne heure; elle s'émut vivement des abus de l'*emprisonnement pour dettes*. Nul n'a désiré avec plus d'ardeur de les voir cesser. Nul ne l'a demandé plus éloquemment. C'est la thèse généreuse de sa jeunesse, de toute sa vie. Il ne serait pas impossible que pour la suivre de plus près et mieux assurer son triomphe, il eût consenti à changer sa position officielle. Ses anciens collègues aiment du moins à le penser. C'est ainsi qu'ils l'excusent et qu'ils essayent de se consoler eux-mêmes d'une séparation qui leur a causé de profonds regrets.

même moyen de préservation, le résumé vulgaire mais exact de toute la doctrine économique.

Nos plus habiles financiers se préoccupent aussi de l'abaissement de l'intérêt.

L'un d'eux vient de publier un ouvrage important *sur la constitution des Banques et l'organisation du crédit*.

Tout entier à son vaste sujet, M. *Isàac Pereire* s'occupe très-peu du *prêt civil* et moins encore de l'*agriculture*. Il est aisé de voir cependant que l'usure est bien loin de pouvoir compter en lui un partisan de plus. Son but principal serait, au contraire, de l'anéantir par la baisse générale et continue du taux de l'intérêt, condition indispensable, ainsi qu'il le répète avec raison, pour assurer la prospérité publique et le bien-être des classes moyennes.

Ainsi dans sa vive critique de la loi exceptionnelle de 1857, il l'accuse d'*avoir fait de l'usure une nécessité d'ordre public*.

« Un exemple funeste est alors donné à une nation, ajoute-t-il, quand au lieu de *combattre l'usure les banques l'érigent en principe et la pratiquent ouvertement*, quand elles favorisent les *tendances égoïstes des prêteurs* au lieu de leur servir de *frein* et d'offrir par leur modération un *puissant correctif à la liberté de l'intérêt*... Pourquoi ne serait-il pas imposé aux banques un *maximum* comme aux tarifs des chemins de fer?... (P. 191).

» N'oublions pas, dit-il, enfin, faisant lui-même un retour vers le passé, que *les exactions des usuriers* étaient une des principales causes des dissensions intestines qui dévoraient la société romaine, des révolutions auxquelles elle était si fréquemment en proie; dans nos sociétés modernes, qui ne vivent que par le travail, de pareilles prétentions, *des élévations indéfinies du taux de l'intérêt, comme celles dont nous sommes les témoins* n'auraient pas une influence moins marquée, des *conséquences moins affligeantes.* » (P. 233.)

L'honorable auteur revient souvent sur la même pensée, et il l'exprime assurément de la manière la plus énergique et la plus heureuse; mais on se demande comment il peut la concilier avec la *liberté illimitée d'intérêt* qu'il veut accorder aux *particuliers,* d'accord cette fois, avec nos adversaires.

Les *exactions usuraires* individuellement pratiquées sont-elles moins répréhensibles que celles qui le seraient par des sociétés de crédit ?

Ne pourrait-on pas dire précisément tout le contraire? Car, enfin, ces établissements indiquent tout haut au public le taux de leur intérêt, tandis que les manœuvres de nos usuriers tendent à le dissimuler et à l'élever indéfiniment selon la position de l'emprunteur.

L'histoire à laquelle on fait appel n'avait principalement en vue, dans ses réprobations, à Rome comme en France, que les *usures privées*, car les sociétés de crédit, telles qu'elles existent aujourd'hui étaient alors à peu près inconnues.

Nous comprenons très-bien qu'on relève avec amertume cette différence déjà signalée entre la Banque de France autorisée à dépasser le taux de 1807 et les particuliers qui ne peuvent le franchir sous les peines les plus sévères; mais est-ce donc là un motif pour changer la loi en sens inverse ? Pour déplacer le mal au lieu de le guérir ? Pour accorder aux particuliers cette dangereuse faculté qui serait refusée aux établissements de crédit ? La morale a-t-elle deux poids et deux mesures ? N'est-elle pas également offensée et la prospérité publique compromise de quelque côté que vienne l'usure ?

Nous sommes heureux d'entendre une voix de plus s'élever contr'elle et surtout une voix aussi autorisée; nous regrettons seulement les restrictions ou pour mieux dire la contradiction qui accompagne cet imposant témoignage. Il perd à nos yeux quelque chose de son autorité. On n'aime pas à voir l'indignation contre ce qui est condamnable s'appaiser ou s'accroître selon l'auteur du *Délit*.

Nous reprenons ce mot parce que c'est celui du droit commun qui ne fait pas acception des personnes et qui les soumet toutes au même niveau. Ici comme ailleurs, égalité devant la loi. Elle a fait elle-même une première exception; il faut la respecter tant qu'elle durera, mais qu'elle n'en fasse pas une autre plus désastreuse, à notre sens, que celle dont se plaignent les adversaires de la Banque de France.

Et à ce propos nous devons remarquer que le *questionnaire* dressé par la haute commission d'enquête, et dont nous avons déjà parlé, ne distingue pas mieux que M. *Isaac Pereire* le prêt civil du prêt commercial ; distinction qui se trouvait peut-être dans les questions posées par la commission du Conseil d'Etat sur le taux de l'intérêt, questions que nous avons vainement cherchées dans le *Moniteur* et les autres journaux.

Quant à celles publiées dans le *Moniteur* du 8 février, nous avons déjà dit qu'elles ne se rapportaient pas à cet objet spécial déjà élaboré par une autre commission. Nous avons seulement remarqué dans ce questionnaire un article qui semble plus général et plus compréhensif. En voici les termes :

« Art. 4. Quelles sont, dans un pays, les causes régulatrices du taux de l'intérêt ? »

Cette question, un peu complexe, présuppose l'absence des lois régulatrices de ce taux ; est-ce un nouvel indice de leur abrogation ?

Les causes qui peuvent servir d'indication et de fondement à ces lois *régulatrices* sont essentiellement variables. Veut-on que les lois le soient aussi ? Veut-on suivre, chaque année, soit dans l'ordre matériel, soit dans l'ordre politique et commercial les changements qui peuvent survenir ? Il faudrait alors élever ou baisser ce taux selon l'intempérie des saisons, l'abondance des récoltes et du numéraire, les éventualités de paix ou de guerre, de bonne administration intérieure, de tranquillité publique, de probabilités de toute espèce, exactement comme à la Bourse qui reflète plus ou moins fidèlement tous les événements du jour.

Mais ces variations périodiques, ces *mercuriales* d'espèce nouvelle, si préjudiciables au commerce, le seraient peut-être davantage pour les transactions civiles.

La principale de ces transactions, le prêt à long terme, par exemple, comment faudrait-il le formuler ? L'intérêt aujourd'hui fixé uniformément pour toute la durée du prêt, devrait-il être échelonné et subordonné aux variations que cet intérêt pourrait éprouver ?

Ici, la convention des parties pourrait bien jusqu'à un certain point, prévoir et atténuer les effets de ces oscillations.

Mais ils seraient plus difficiles à éviter dans la plupart des autres cas. Il n'y aurait plus de fixité, de garantie d'avenir. Comment se décider à vendre avec terme de paiement, à louer ou affermer pour de longues années, à traiter une affaire quelconque qui deviendrait bonne ou mauvaise selon la fluctuation si rapide et si imprévue des causes de l'intérêt et de l'intérêt lui-même? Tous les contrats deviendraient à peu près aléatoires.

Eh bien! s'il fallait dire toute notre pensée, cette mobilité, ces incertitudes, ces modifications périodiques que *Treilhard* avait annoncées au Conseil d'Etat de 1807 et qui demeurent toujours dans le domaine législatif, nous sembleraient encore préférables, malgré leurs inconvénients, à l'abrogation pure et simple de nos lois répressives. Nous savons de très-bons esprits qui aimeraient encore mieux qu'on élevât la limite de 1807, même en matière civile, que de voir proclamer la liberté indéfinie de l'argent c'est-à-dire de l'usure.

Ici, en effet, plus de doutes, plus de chance avantageuse ou contraire : le mal serait certain, inévitable, irréparable, nous en savons maintenant toute l'étendue. Ceux qui ne l'ont pas vue de leurs yeux la retrouveront fidèlement retracée dans nos vieilles annales et dans nos annales contemporaines et à peu près dans les mêmes termes. Ils remarqueront, nous ne saurions trop le redire, la similitude des plaintes de 1601, de 1725, de 1807, de 1850 : c'est toujours le même tableau. C'est la même vérité moralement, législativement, mathématiquement démontrée. Elle semblerait n'avoir plus besoin de démonstration; mais puisqu'on ne se lasse pas de la contester, ne nous lassons pas nous-même de la rendre plus saillante en répondant aux derniers efforts de nos adversaires.

XXVI.

Ils essayent encore une autre comparaison : celle des *loyers et des fermages* : elle est tout aussi défectueuse que les précédentes, sinon davantage.

Qui jamais a eu la pensée, disent-ils, de tarifer le loyer des capitaux transformés en immeubles, et de restreindre ici comme dans les prêts d'argent, la liberté des transactions ?

Non certainement; personne n'a jamais conçu un projet aussi bizarre. L'exécution n'en serait pas facile : les loyers peuvent bien servir à fixer la cote mobilière et personnelle de chaque habitant; mais fixer aussi la cote des loyers eux-mêmes en prenant pour base les lieux, la profession, les convenances, les goûts de chacun, voilà ce qu'on n'a pas encore imaginé. C'est ici par exemple qu'il faudrait une fière enquête pour connaître tout cela, pour apprécier, pour combiner ces éléments si nombreux et si variés; on devrait avoir sous les yeux l'état de situation et quelques fragments de l'histoire de chaque ménage : ces investigations, ces inquisitions si *libérales* seraient faites, sans doute, pour fixer, à vue du plan de la maison, le tarif de chaque appartement ?

Si ceci était sérieux, nous répondrions qu'indépendamment des inconvénients ou pour mieux dire de l'impossibilité d'appliquer une telle mesure, c'est-à-dire de fixer une limite au loyer des maisons et des terres, il y a une autre différence entre le *capital immeuble*, pour parler le langage de nos adversaires, et le *capital argent*. Dans le premier cas, on n'a pas à craindre comme dans le second, que le propriétaire exploite la misère du locataire; il spéculerait plutôt sur sa richesse, sur son aisance. Le motif principal de la limite disparaît.

Ce n'est pas d'ailleurs sans raison que nos adversaires se plaignent de la cherté des loyers : Nous la déplorons autant qu'eux dans l'intérêt des classes pauvres et moyennes qui nous inspirent aussi de vives sympathies. Nous n'espérons pas, au reste, cette baisse des loyers; il y a pourtant ici *liberté illimitée* de transactions; il y a aussi, Dieu merci, *grande concurrence*, car on bâtit partout; ainsi les deux conditions réclamées par nos adversaires pour amener la baisse se rencontrent complètement ici et la hausse fait d'énormes progrès : l'exemple pouvait être mieux choisi.

Il ne manquerait plus que d'ajouter à la cherté des loyers la cherté de l'argent pour améliorer le sort de ces classes si dignes d'intérêt. Au reste, veuillez les consulter elles-mêmes; vous leur reconnaissez l'aptitude de bien répondre. Mais elles ont déjà répondu, elles ont les premières, fait justice dans leur bon sens pratique, de ces étranges comparaisons entre le prix de l'argent et le prix des

loyers et des fermages. Celle des *marchandises*
n'était peut-être pas aussi dissonante et nous avons
vu cependant quelle en était la valeur et l'exactitude.

XXVII.

Nos adversaires cherchent enfin une excuse aux
prêts usuraires dans le *risque* que le prêteur court
ou *croit* courir (1).

« Il faut bien, disent-ils, qu'il soit indemnisé par
un intérêt élevé des pertes qu'il peut éprouver et
des pénalités qui l'attendent. »

Nous n'en voyons pas la nécessité : dès qu'il a
choisi cette industrie, il doit en courir les chances; il ne manquerait plus que de l'assurer, à la
différence des prêteurs honnêtes, contre les insol-
vabilités, les faillites, les chances et accidents de
toute espèce, y compris l'amende, la prison, l'exclusion des droits politiques, etc..... Faut-il l'in-
demniser aussi de l'estime publique perdue ?....
Que vaut tout cela? Dressez vos tarifs.

Mais voyez la contradiction? Tout à l'heure on
autorisait, au nom de la liberté des transactions,
un gros intérêt même pour le prêt hypothécaire
et privilégié ; le prétexte *du risque* n'était pas alors

(1) Ouvrage déjà cité de M. Garnier, §. 226.

invoqué, et maintenant c'est le risque seul qui doit justifier l'usure !

Mais quand il apparaît ce risque, quand il s'agit d'une opération aléatoire, incertaine, aventureuse, pourquoi le prêteur n'y entrerait-il pas comme *associé ?* Il fournirait le capital ; l'emprunteur, son industrie et son travail ; ils partageraient dans de justes proportions les profits et les pertes. On voit tous les jours des associations de ce genre, la loi et la morale sont loin de les réprouver ; les actions industrielles n'ont pas d'autre caractère, ainsi qu'on vient de le voir.

Mais non : il faut à notre prêteur, indépendamment de l'intérêt légitime de son capital, un intérêt illégitime, une part exagérée du travail et de l'industrie de son débiteur, une part *léonine*, en un mot, représentée par l'intérêt usuraire qu'il a exigé. C'est l'exploitation la plus odieuse de l'homme par l'homme : la science économique qui la repousse ailleurs veut-elle l'encourager ici ?

Le risque qu'il court ou *croit courir !* Ce sont les termes de l'objection ; mais il ne manquera jamais de *croire* et de dire surtout que ce risque, qu'on laisse à son appréciation, est considérable et que les tempêtes et les naufrages qui menacent le prêt maritime ne sont rien en comparaison du prêt foncier le mieux garanti : Le fait est que nos adversaires mettent sur la même ligne ces deux genres de prêts si différents ; comment ne s'aperçoivent-ils pas que cette différence, écrite dans toutes nos lois anciennes et modernes, suffirait seule pour déconsidérer leur système, comme elle a détruit, selon nous, l'accusation d'usure reproduite par *Plutarque* contre *Caton* le censeur.

Pour détourner des usuriers, s'il était possible, la réprobation qui les suit partout, on essaye de la rejeter sur certains emprunteurs qui après avoir multiplié les instances et les prières pour obtenir un prêt urgent s'en vont ensuite, au lieu de rembourser ce prêt et pour s'en dispenser, dénoncer le créancier à la justice.

Ah ! ces dénonciateurs de mauvaise foi nous vous les abandonnons très-volontiers. Livrez-nous de même vos usuriers. Mais ne cherchez pas à justifier ceux-ci aux dépens des premiers. La faute des uns n'excuse pas la faute des autres. Nous consentirons, si vous le voulez, à les placer sur la même ligne. Où vous conduira ce parallèle ?

Remarquons, d'ailleurs, que ces ingrats et malicieux dénonciateurs sont très-rares ; les statistiques nous apprennent, en effet, que les affaires d'usure sont presque toujours poursuivies par le ministère public ; mais ce qui est moins rare c'est de voir, au contraire, des débiteurs trop indulgents, trop oublieux devant la justice ; ils ne lui disent pas toujours ce qu'ils savent mieux que d'autres : les uns sont encore dans les liens du capitaliste poursuivi ; d'autres craignent d'y tomber. Il leur promet, au jour de l'accusation, des conditions plus douces. Ils déposent en conséquence ; et c'est bien à cette manœuvre coupable, suite de la première, qu'on doit attribuer le résultat négatif de certaines poursuites. L'usure conduit souvent à la suborna- tion des témoins et au faux témoignage ; il n'est pas sans exemple que d'une affaire correction- nelle sorte une grave accusation portée devant le jury. Celui-ci est au reste aussi attentif, aussi sévère que les tribunaux pour réprimer le crime né d'un pareil délit.

Nous venons, par une concession exagérée, de livrer trop facilement les victimes qui se plaignent, car enfin elles sont *lésées* et la loi qui autorise et protège l'action en lésion contre une vente à vil prix doit également favoriser cette lésion d'une autre espèce, mais de même origine. Il y a aussi des acquisitions *usuraires* comme des prêts. *Na- poléon* les comparait et les flétrissait ensemble quand il disait au Conseil d'État sur l'article de 1674.... « Si le vendeur a cédé à la passion ou au besoin, pourquoi la loi ne prendrait-elle pas la défense du pauvre opprimé contre l'homme riche qui *pour le dépouiller abuse de l'occasion et de sa fortune.* »

Il n'est pas étonnant que celui qui parlait ainsi en 1804 ait conçu la loi de 1807 ! Si vous abro- gez celle-ci il faut encore effacer tous les prin- cipes relatifs à la lésion. Ils sont inséparables.

XVIII.

A bout d'arguments nos adversaires citent, comme au palais, des *autorités* nombreuses, à l'appui de leurs conclusions.

Nous avons indiqué quelques-unes de ces autorités ; on connaît aussi les nôtres ; inutile d'y revenir ; mais il en est une cependant à laquelle ils attachent une si haute importance que nous ne saurions la négliger : c'est celle de l'*Angleterre*. Elle tient une grande place dans tous les écrits et dans tous les discours des économistes (1).

Ici, plus qu'en toute autre matière, nous pourrions écarter cette continuelle similitude, cette comparaison inévitable entre les deux pays. Il suffirait de montrer la différence de leurs mœurs, de leurs habitudes, de leurs institutions politiques, économiques et financières. Comment conclure d'un peuple essentiellement aristocrate et marchand à une nation qui trouve dans ses lois mêmes les principes d'égalité et les éléments de démocratie qui font son existence? La propriété immobilière se divise chez nous à tel point, par l'effet incessant de ces lois, que chacun si pauvre qu'il

---

(1) Voir le *Moniteur* déjà cité du 30 mars 1862 et les publications antérieures et postérieures à cette date, et notamment la *Revue Contemporaine* des mois de septembre et octobre 1864 qui renferment deux articles, d'ailleurs fort remarquables de M. *Arthur Legrand*.

soit, peut espérer d'en posséder une parcelle (1). Ce n'est pas là, sans doute, une condition regrettable ; mais ce n'est pas l'histoire des grands propriétaires d'Angleterre, et quand il s'agit précisément de prêts à la propriété, cette différence vaut bien la peine d'être relevée.

Mais enfin et puisque on veut absolument régler la France par l'Angleterre, soyons dociles aux leçons qu'on nous offre et voyons qu'elle en est la véritable portée.

L'Angleterre avait aussi bien que nous, elle a eu plus longtemps que nous *sa loi de* 1807, c'est-à-dire une limite d'intérêt, une digue contre l'usure qui, là aussi, exerçait ses ravages et excitait l'indignation publique ; ce n'est que très-récemment et par des bills de 1831 et 1842 qu'elle a modifié son ancienne législation, *modifié* seulement et non *abrogé*, comme quelques-uns l'ont prétendu, car on lui a conservé toute sa force dans la partie la plus essentielle.

Aujourd'hui comme autrefois, ainsi que nous l'apprennent les économistes eux-mêmes, l'intérêt en Angleterre *ne peut dépasser* 5 *p.* 0/0 *dans les prêts hypothécaires ni dans ceux par billet qui ne s'élèvent pas au-dessus de* 250 *fr.* Ces prêts

(1) Les cotes des contributions foncières se multiplient chaque année avec une rapidité toujours croissante.

faits à un taux supérieur sont déclarés *usuraires* (1).

Ainsi, dans cette terre classique de toutes les franchises que vous nous offrez sans cesse pour modèle, nous aurions gagné la moitié de notre cause et la meilleure moitié.

Les prêts hypothécaires sont, en effet, les plus nombreux dans notre pays; ils grèvent la propriété foncière de créances qui se comptent par centaines de millions. Il serait d'autant plus injuste, d'autant plus impolitique de soumettre ces prêts à un intérêt supérieur que non-seulement la production de la terre, nos adversaires le disent eux-mêmes, est bien loin de représenter habituellement l'intérêt légal, mais que les frais du contrat, toujours à la charge de l'emprunteur, viennent encore aggraver son emprunt. Aussi est-il fait ordinairement à *long terme*; c'est encore par erreur que nos adversaires ont contesté cet usage général. Ils disent bien qu'en prêtant pour plusieurs années, le créancier s'expose à subir la dépréciation *possible* de l'argent qu'il a prêté. Mais si la valeur de l'argent augmente au lieu de diminuer? c'est une chance commune aux deux parties. Cette excuse de l'usure n'est donc pas plus admissible que les autres.

Quant aux prêts sur simples billets au-dessous

(1) Voir notamment les discours prononcés au Sénat le 29 mars 1862; M. Granier, p. 541; le mémoire couronné de M. Lair, p. 185 et 186, la *Revue Contemporaine* du 30 novembre 1864, p. 250.

de 250 fr., il faut déduire d'abord les prêts d'amitié et de charité toujours si nombreux dans notre pays et qui n'entrent pas ici en ligne de compte puisqu'ils sont faits sans intérêts et selon les prescriptions de l'Evangile.

Il n'en est pas tout à fait de même pour les petits prêts à *la petite semaine*; ils sont, comme nous l'avons dit, les plus onéreux de tous; cependant nos adversaires leur accordent une faveur toute spéciale; ils citent eux-mêmes quelques-uns de ces prêts pour lesquels on a exigé de 360 à 1800 p. % par an et ils trouvent cela tout naturel! Ils racontent avec complaisance l'histoire de cet écu de *cinq francs* prêté à un marchand de pommes qui en les revendant cinq ou six fois plus cher qu'il ne les avait achetées, gagne aisément de quoi payer cet énorme intérêt en conservant pour lui un certain bénéfice. (1)

Sans relever ce qu'une pareille opération peut avoir de commercial, nous demanderons seulement à ceux qui l'approuvent et l'encouragent ce qui adviendrait si le marchand de pommes ne faisait pas les énormes bénéfices qu'on suppose pour le besoin de l'argument?

Au reste, les Anglais y ont déjà répondu : eux, qui se connaissent si bien en toute espèce

(1) Voir notamment la délibération du Conseil général de la Seine-Inférieure dont nous avons déjà parlé. Elle est rapportée *in extenso* dans le journal *la France* du 12 septembre 1864.

de trafics, ont interdit celui-ci, si ce n'est dans
la limite de 5 p. 0/0 ; ils n'ont pas voulu que
les pauvres travailleurs de la ville et des champs
fussent exploités par les grands capitalistes et
surtout par les petits, fussent-ils valets, men-
diants ou banquiers de marchands de pommes.

Pourquoi donc les fidèles imitateurs de l'Angleterre s'éloignent-ils de leur modèle, précisément sur les deux points capitaux de notre
question ? N'est-ce pas nous en définitive, qui
pourrions, à meilleur droit que nos adversaires,
invoquer l'autorité de l'Angleterre ?

Nous n'y attachons pas, il est vrai, la même
importance qu'eux non plus qu'aux autres exemples
extra-nationaux qu'ils sont allés chercher.

Quand on croit avoir pour soi l'autorité de la
raison, de la morale, de la justice, de l'expérience *qui passe la science*, de la science elle-
même sainement interpretée, quand on peut invoquer le vote unanime de toutes nos assemblées
délibérantes, du pouvoir législatif de toutes les
époques, la conscience publique révélée par ces
votes uniformes et plus spécialement l'opinion des
masses, c'est-à-dire la voix du peuple, conforme,
cette fois encore, à la voix de Dieu, on peut bien
se passer de l'assentiment de quelques nations
voisines dont la prospérité financière et l'aisance
relative des classes moyennes ne donnent pas,
au reste, un grand poids à leurs conseils.

Nous n'avons pas coutume de les demander.
Elles nous empruntent plus qu'elles nous prêtent
en fait de législation : n'allons point, par une
exception funeste, leur faire un emprunt qui nous
coûterait cher, car il pourrait bien, comme dans
l'ancienne Rome, ébranler la fortune publique et
les fortunes privées dont la propriété foncière,
nous ne saurions trop le redire, sera toujours,
malgré les fictions de la doctrine, le type le plus
vrai et le fondement le plus solide. (1)

(1) Les économistes qui ont écrit depuis la séance du Sénat du
29 mars 1862 (*Moniteur* du 30), se sont emparés, c'était leur droit,
des remarquables discours prononcés dans le même sens, à cette
séance; mais ils n'ont pas fait connaître certaines réserves qu'ils
renferment.

Ainsi l'un des deux honorables orateurs dont nous avons déjà
parlé déclarait en commençant : « Qu'il était tout disposé à reconnaître que la loi de 1807 repose sur un sentiment *très-respectable.* »
Je reconnais encore, ajoute-t-il, *que rien n'est plus triste que
cette industrie, qui consiste à exploiter les misères et les passions
de l'homme....* Je n'entends pas soutenir d'une manière absolue qu'il
faille appliquer immédiatement *la liberté illimitée* de transaction....
Sur une question de cette importance je ne veux point proposer un
système radical, mais le moment est venu de l'étudier, de mettre
la législation de 1857 en rapport avec celle de 1807, « ... faut-il
supprimer complètement la loi de 1807 en matière civile comme en
matière commerciale ? Faut-il seulement la modifier en matière commerciale et la laisser subsister en matière civile ? Faut-il adopter
le système anglais qui permet la liberté du commerce *sauf pour
les prêts hypothécaires et les créances au-dessous de* 250 *fr.* ? Il y
a plusieurs systèmes à étudier par des hommes pratiques, etc. »

Le vœu si raisonnable de l'honorable sénateur est exaucé, puisque
toutes ces questions sont officiellement à l'étude.

L'autre orateur, dont les convictions sont plus anciennes et plus
absolues, ne fit pas, sans doute, les mêmes concessions, mais il
prononça un mot spirituel qui semblait les renfermer et qui fut

XXIX.

Terminons, il en est temps, par une observation qui nous semble mériter quelque attention et quelque intérêt.

Les écrivains les plus autorisés, les esprits les plus sérieux des deux écoles, tous les honnêtes gens, en un mot, se félicitent unanimement de l'heureux accord qui existe aujourd'hui, sur notre question, entre la loi religieuse et la loi civile, autrefois si profondément divisées. Ils ne savent donner assez d'éloges à la sage tolérance de la Cour de Rome qui a fait plier la rigueur des anciens principes aux nécessités de notre époque.

Mais si le chiffre de l'intérêt était élevé tout-à-coup au-dessus du taux actuel, s'il était doublé, triplé, indéfini, sans limites, comme on le demande, pense-t-on que cet accord, désiré par tous, se maintiendrait encore ?

Et s'il était rompu quels seraient les effets de

parfaitement accueilli par l'assemblée ; en défendant certains prêteurs et capitalistes il déclara cependant « *qu'il ne réclamait pas pour eux le prix Monthyon.*

» Un sénateur : il n'aurait plus manqué que cela ! »

Et quand le même orateur se plaignait néanmoins que le prêteur était gêné par la loi de 1807 *« parce qu'il voyait derrière lui le président du tribunal correctionnel et le procureur impérial. »* Un autre sénateur s'écria : *C'est bien heureux !*

Il traduisait ainsi l'impression presqu'unanime du Sénat, impression qui se révéla mieux encore par son vote.

cette regrettable scission sur les consciences et sur la nouvelle législation elle-même?

C'est une simple question que nous soumettons, sans autres développements, à nos plus honorables adversaires; nous savons leur loyauté pour l'avoir éprouvée, car nous sommes heureux de compter parmi eux d'anciens collègues et d'honorables amis.

Nous l'adressons aussi avec confiance à ceux qui plus fervents pour le culte des libertés publiques honorent et respectent le culte religieux.

Mais nous, nous n'adressons pas cette question, ni aucune autre, à la secte impie qui vient de s'élever follement, non contre tel dogme ou tel précepte émanant de Dieu, mais contre Dieu lui-même; elle ose le discuter, le nier, le renier, le supprimer; espérant supprimer aussi et emporter du même coup les vérités les plus consolantes de notre religion. On dirait que les auteurs de ces blasphèmes insensés aient voulu se châtier eux-mêmes en essayant, par des concessions hypocrites et plus sacrilèges que leurs attaques, de reconstruire l'édifice dont ils auraient ôté la pierre fondamentale.

Avec nos autres adversaires nous pourrions nous entendre; avec ceux-ci, jamais.

XXX.

Au moment où ces pages venaient d'être écrites s'ouvrait la session législative de 1865. Le discours

de la Couronne si impatiemment attendu , n'in-
dique pas la loi relative au taux de l'intérêt parmi
celles qui seront immédiatement présentées ; cela
ne veut pas dire qu'elle ne puisse l'être , ainsi
que celle des Banques , si le Conseil d'Etat et la
Haute Commission d'enquête ont terminé leurs
travaux avant la fin de la session. Mais , nous ne
saurions attendre jusques-là pour signaler dans
le discours impérial la phrase qui le termine.
Elle avait , sans doute , dans la pensée de son
auteur une portée plus haute que celle de notre
modeste question. Mais elle s'y adapte si justement
et si heureusement qu'on nous permettra bien , dans
la préoccupation de notre sujet , de la reproduire
ici et de placer l'œuvre législative de Napoléon 1er
si vivement attaquée , sous la protection de ces
paroles solennelles de Napoléon III :

« L'*utopie* est au *bien* ce que l'*illusion* est à *la
vérité* , et le *progrès* n'est point la réalisation d'une
théorie plus ou moins ingénieuse , mais l'application
des *résultats* de L'EXPÉRIENCE , consacrés par *le
temps* et acceptés PAR L'OPINION PUBLIQUE. »

Pau , Impr. E. Vignancour.

www.ingramcontent.com/pod-product-compliance
Ingram Content Group UK Ltd.
Pitfield, Milton Keynes, MK11 3LW, UK
UKHW022049070726
13613UKWH00002B/748